높은 출산율의 이스라엘,
우리와 무엇이 다른가

김나영

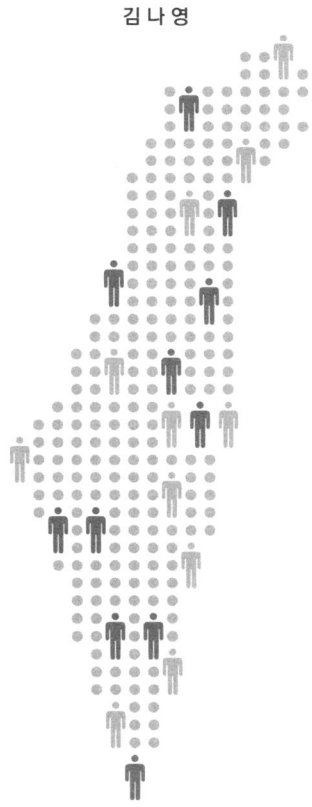

높은 출산율의 이스라엘, 우리와 무엇이 다른가

1판1쇄 발행 | 2024년 12월 16일

지 은 이 | 김나영
발 행 처 | 한반도미래인구연구원
발 행 인 | 정운찬
편 집 인 | 이인실
책 임 편 집 | 유혜정

등 록 번 호 | 제2023-000227호
주   소 | 06193 서울특별시 강남구 선릉로 90길 40, 3층(대치동, 예감빌딩)
전   화 | 02-501-2281
홈 페 이 지 | www.kppif.org
E - m a i l | kppif@kppif.org
I S B N | 979-11-984232-3-8 03330
정   가 | 11,000원

◈ 낙장 및 파본 도서는 바꿔 드립니다.
◈ 이 책 내용의 전부 또는 일부를 재사용하려면 반드시 한반도미래인구연구원의 동의를 받아야 합니다.
◈ 이 책의 내용은 저자의 개인적 견해이며 한반도미래인구연구원의 공식 입장이 아님을 밝힙니다.

*제작대행: 와이에치미디어

높은 출산율의 이스라엘,
우리와 무엇이 다른가

김나영

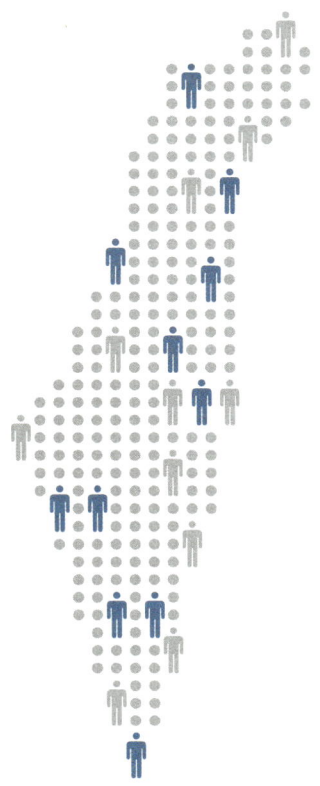

발간사

저출산이 최근 글로벌 사회문화현상으로 확산되고 있다는 점을 감안하더라도 한국의 초저출산 현상은 세계적으로 유례를 찾기 어려울 정도로 심각한 수준이다. 한국은 인구학자들이 초저출산이라고 생각하는 1.3명의 합계출산율이 깨진것은 물론이고, 합계출산율이 2018년 1.0명 이하로 하락을 거듭하여 2023년에는 0.72명을 기록하기에 이르렀다. 0.72명이라는 전세계 최하위인 합계출산율보다 더 주목해야 할 것은 급격한 인구구조의 변화이다. 그 중에서도 생산인구의 급격한 감소는 인구부양 부담을 가중시키고 경제성장속도를 급격히 둔화시켜서 국가경쟁력을 크게 떨어뜨릴 것이다.

한반도미래인구연구원(한미연)은 '기업이 인구문제 해결에 앞장 선다' 사명을 가지고 기업이 공동체의 일환으로 인구위기에 적극적 역할을 수행할수 있는 실천적 기반을 마련하는데 노력해 왔다.

그동안 인구감소를 먼저 겪은 선진국들은 각각 국가마다 고유한 방식으로 인구구조변화에 대응해왔다. 이번 이스라엘 연구는 일본, 독일에 이은 세 번째 『글로벌 인구위기와 기업 대응사례』이다. 이스라엘은 경제협력개발기구(OECD) 회원국 중 유일하게 합계출산율이 3.0명에 가까운 국가이다.

이스라엘과 대한민국은 모두 지정학적 긴장 속에서 국가 안보와 국방을 최우선 과제로 삼고 있다는 공통점이 있다. 또한, 두 나라는 비교적 짧은 시간 안에 경제 성장을 이뤄내며 근대화를 이루었다는 점에서도 유사하다. 높은 교육열과 기술 중심의 산업 구조를 통해 지식 기반 경제를 성공적으로 구축했다는 점에서도 공통점을 보인다. 그럼에도 불구하고 두 나라의 출산율은 극명한 대조를 이룬다. 따라서 이스라엘이 왜 높은 출산율을 유지할 수 있는지 그 배경을 분석하고 이해하는 것은 대한민국이 직면한 저출생 위기를 극복하는 데 매우 중요한 시사점을 제공할 할 수 있다.

이스라엘이 높은 출산율을 유지할 수 있는 주요 요인에는 독특한 정책적, 사회적, 문화적 특성이 자리하고 있다. 이스라엘은 건국 초기부터 인구규모 확대를 국가적 과제로 삼아 이민자 유입을 적극적으로 장려했고, 이들을 수용하기 위한 주거와 일자리를 제공하기 위해 대규모 예산을 투입했다. 또한 가족이 생활의 중심이라는 가치관이 사회 전반에 깊이 자리잡고 있다. 가족을 중요한 사회적 단위로 여기고, 자녀 양육과 직장생활을 양립할 수 있는 환경이 체계적으로 구축되어 있다.

특히 이스라엘은 여성의 경제활동 참여율이 높고 노동시장에서 성별 격차가 낮은 사회이다. 여성들이 일과 가정을 병행할 수 있는 제도적 뒷받침이 잘 갖춰져 있어 여성이 출산을 결정하는 데 있어 사회적, 경제적 부담에서 벗어날 수 있다. 출산과 양육에 대한 우호적인 사회적 분위기와 국가의 지원은 이스라엘 사회가 출산 친화적 문화를 지속적으로 유지할 수 있게 하는 동력으로 작용하고 있다.

이 연구는 이스라엘이 높은 출산율을 유지할 수 있었던 다양한 요인을 심도 있게 분석하고 한국 사회의 저출생 문제 해결에 어떻게 적용할 수 있을지를 고민한 결과물이다. 이스라엘 사례는 가족의 중요성을 재조명하고 변화하는 시대적 요구에 부응하는 가족의 역할과 가치를 재정립하는 것이 한국의 저출생 문제 해결에 중요한 출발점이 될 수 있음을 시사한다. 또한 한국이 직면한 저출생 문제를 해결하는 데 중요한 참고자료로, 효과적인 정책적 방안을 모색하는 데 기여할 수 있을 것이다.

보편적인 글로벌화 현상 속에서도 각국의 인구정책은 문화, 역사, 종교 등에 따라 다양하게 전개되고 있다. 한반도미래인구연구원은 앞으로도 지속적으로 각국의 인구구조 변화와 기업들의 대응 사례를 한국 현실에 접목하는 시도를 해보고자 한다. 나아가 이러한 사례 연구가 현재 한국이 당면하고 있는 인구위기를 극복하는데 기여할 수 있기를 기대한다.

2024년 12월
한반도미래인구연구원 원장
이 인 실

들어가며

이스라엘은 정치, 사회·경제, 종교, 문화 등 모든 부문에서 이스라엘만의 고유한 특성들을 가지고 있다. 특히, 유대교 전통이 이스라엘 사회전반에 매우 큰 영향을 주고 있어 다른 국가와는 매우 다른 사회·문화적 특성을 보인다.

인구성장과 인구구성 측면에서만 보더라도 이스라엘은 1948년 독립전쟁을 시작으로 1970년까지 20여 년의 기간 동안 네 번의 전쟁을 겪으면서 건국 초기부터 인구규모 증대를 위한 정책을 지속적으로 시행해 왔다. 건국 당시에는 80만 5,000명이었던 인구규모가 4년 동안 두 배 증가하는 모습을 보여, 1960년 대 말에는 215만 여 명에 이른 것으로 나타났다. 이 중 이민자 수는 약 97만 명으로 45.0% 수준이었던 것으로 알려져 있는데, 이는 인구규모 확대를 위해 시행한 이민자 유입 정책으로 인하여 이민자의 대규모 유입이 있었기 때문이다(김인춘 외, 2013).

다수의 전쟁으로 인하여 이스라엘 정부는 국방을 최우선 과제로 둘 수밖에 없었고, 국방예산은 해당 기간 동안 평균적으로 GDP의 약 10.0%를 차지한 것으로 보인다. 하지만 동시에 이스라엘 정부는 사회복지예산을 전체 예산의 15.0~20.0% 수준을 유지하고자 하면서, 전체 예산에서 사회복지분야의 비중은 1985년 18.0%를 차지하여 GDP의 1.0% 미만이었으나, 1999년에 그 비중이 39.0%로 증가하여 GDP의 7.0% 수준인 것으로 나타났다(김인춘 외, 2013).

이러한 사회복지예산의 많은 부분을 이민자 유입과 이들의 일자리와 주거를 지원하는 데에 사용한 것으로 나타났다. 왜냐하면 이스라엘 인구정책의 특성은 무엇보다도 이민을 통한 인구 증가정책을 지속적으로 이행하여 왔기 때문이다. 2010년대까지의 기간을 살펴보면, 이스라엘 인구성장의 약 20.0%가 이민자로부터 이루어졌고, 이스라엘의 전체 인구성장의 39.0%가 유입된 이민자에 의해 이루어졌다(Weinreb, 2023). 그러므로 이민자에 대한 검토는 이스라엘 인구성장에서 중요하다. 아울러 노동시장에서 낮은 성별격차와 자녀양육 여성의 취업률이 높은 점 등도 눈여겨봐야 할 부분이다

목 차

발간사	4
들어가는 말	8

1장 이스라엘 사회, 그 특징을 알아본다   13

이스라엘은 어떤 국가인가	14
높은 유소년 인구 비중	17
노동시장의 다양한 특성	19

2장 이스라엘 인구 현황의 특징은 무엇인가   25

인구성장세 추이	26
이민자와 인구증가	32
높은 합계출산율	35
종교와 결혼문화가 인구에 주는 영향	44

3장 이스라엘 사회보장제도 무엇이 다른가   47

사회보장제도 특징	48
양육가구 관련 사회보장제도	53
그 밖에 사회보장제도	55

4장 영유아 교육·보육은 어떻게 이루어지고 있나　　57

영유아 교육·보육정책 개요　　58
영유아 교육·보육 5개년 계획　　65
향후 정책 방향은 어떠한가　　71

5장 일·가정양립을 위한 기업의 노력　　75

일·가정양립 정책 개요　　76
출산전·후휴가　　81
배우자 출산휴가　　85
육아휴직　　87
기타 휴가 및 유연근로제　　88

6장 이스라엘 사례가 주는 시사점　　91

가족 중심의 가치와 자녀양육 시간의 확보　　92
노동시장에서의 낮은 성별격차　　95
적극적 청년창업지원을 위한 정부와 기업의 역할　　97
관련 제도 사용의 유연성　　101

나가며　　103
참고문헌　　104
저출산에 대응하는 주요 정책 및 지원 프로그램　　114
세계 주요 국가 인구·경제·사회 특성　　116

글로벌 인구위기와 기업 대응사례 03

1장
이스라엘 사회, 그 특징을 알아본다

- 이스라엘은 어떤 국가인가   14
- 높은 유소년 인구 비중   17
- 노동시장의 다양한 특성   19

01
이스라엘은 어떤 국가인가

1880년대부터 유대인들의 팔레스타인 지역으로의 이주가 본격화 되면서 1947년 유엔총회에서 팔레스타인 분할 안이 통과되었고, 이듬해인 1948년 5월 14일 이스라엘 건국이 선포되기에 이르렀다. 이스라엘 건국 당시에는 텔아비브가 수도였으나, 1949년 초대 수상이 예루살렘으로 수도를 옮기고 정부 부처를 이전하였다.

이스라엘은 입법부, 행정부, 사법부를 지닌 의회 민주주의 내각책임제 국가이다. 대통령은 의례적인 임무를 담당하며 임기는 5년이고, 의회는 임기 4년의 단원제(120석)이다. 행정부는 총리가 총괄하는데 국회에서 선출된 후 대통령이 지명한다. 사법부는 3심제에 기초하며, 법관의 임명은 9인으로 구성된 특별위원회의 추천으로 대통령이 임명한다(권미경·이강근, 2016).

이스라엘은 교육 수준은 매우 높은 국가 중 하나이다. 그러나 경제적 불평등은 여전히 존재하며, 특히 아랍인, 초정통파 유대인, 세파르디 유대인들이 저소득층에 속하는 경우가 많다. 다양한 이민자들로 인해 사회경제적 격차를 줄이기 위한 사회복지예산이 전체 예산의 15.0~20.0% 수준을 차지한다(Cultural Atlas, 2024).

이스라엘에는 군사 문화가 보편화되어 있어, 전쟁에 필요한 무기 및 병영 물자 개발 생산에 주력한다. 현재 이스라엘 산업의 70.0%가 국방 및 보안 관련 산업으로, 경제도 이러한 무기 개발 및 생산으로 성장한 측면이 강하다. 건국 직후부터 현재까지 중동 아랍 국가와 전쟁을 치르고 있으며, 이스라엘 모든 국민은 남성은 3년, 여성은 2년간 의무 복무 외에도 예비군 제도를 통해 40세까지 국방의 의무를 지닌다(권미경·이강근, 2016).

유대교는 이스라엘 정체성의 중심 역할을 한다. 이스라엘의 유대인 공동체는 아슈케나지, 세파르디, 미즈라히, 러시아, 에티오피아 유대인 등으로 구성되어 있다. 이러한 유대인 공동체 외에도, 이스라엘에는 무슬림, 기독교인, 두루즈를 포함한 상당한 아랍 인구가 있으며, 각기 독특한 종교 전통과 관행을 가지고 있다. 종교적 다양성은 민족적, 문화적 정체성과 종종 교차하여 국가 정책과 일상생활의 다양한 측면에 영향을 미친다(Cultural Atlas, 2024). 예를 들면, 중동 국가 최초로 민주주의를 채택하고 첨단기술을 보유한 국가라고 평가받지만, 성경 속의 절기 안식일

이 국가 공휴일 및 명절이고, 성경에서 먹을 수 있는 음식과 먹을 수 없는 음식을 구별한 음식 법을 생활에서 철저하게 지키며, 유대인들의 경우 교육 자치를 인정받고 성경, 탈무드, 유대 문헌만을 가르치는 종교 학교를 운영하는 유대교 전통이 국가 전반에 큰 영향을 미치는 국가이다(권미경·이강근, 2016).[1]

1_ 종교적 분포를 보면 유대교 73.2%, 이슬람교 18%, 기독교 1.9%임.

02
높은 유소년 인구 비중

먼저 인구규모 및 구성의 특성을 살펴보면, 코로나19 팬데믹 시기이던 2020년과 2021년 동안 이스라엘 인구는 각각 1.6%와 1.7% 증가하는데 그쳤으나,[2] 2022년에는 평균 수준인 약 1.9%로 다시 상승하여, 이스라엘 전체 인구규모는 2023년 현재 975만 6,700명[3]으로 나타났다(Weinreb & Shraberman, 2022).

2022년에는 상징적으로 중요한 다수의 인구성장 지표가 있었는데, 이스라엘의 유대인 인구가 처음으로 700만 명을 넘어섰고, 아랍인 인구는 200만 명, 그 외 인구는 50만 명을 넘어선 것이다(Weinreb & Shraberman, 2022).

2_ 1985~1988년을 제외하고 이스라엘 건국 이래 가장 낮은 연간 성장률임.
3_ 세계은행, https://data.worldbank.org/indicator/SP.POP.TOTL?locations=OE(2024.7.18. 인출)

[그림 1] 이스라엘의 인구증가

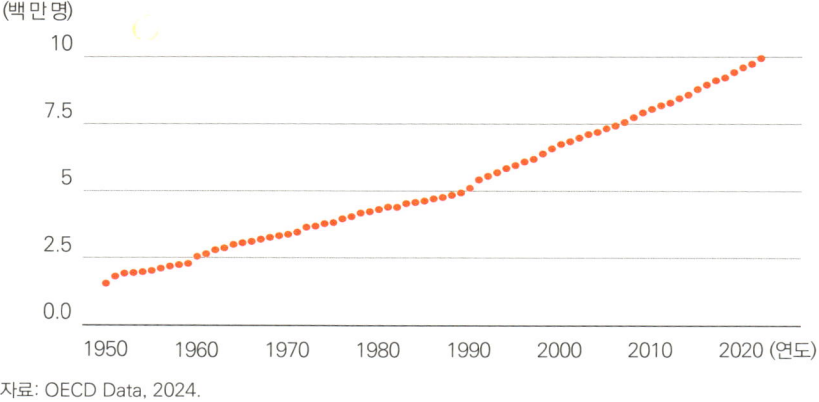

자료: OECD Data, 2024.

연령대별 인구분포를 보면, 2022년 현재, 전체 인구 중 15세 미만 비율이 28.0% 정도로 2008년 대비 큰 변화는 없는 것으로 나타났다. 전체 인구 중 65세 이상 비율은 2008년 9.7%에서 2022년 12.4%로 다소 증가하였다.

이스라엘 인구정책의 특성은 무엇보다도 이민을 통한 인구 증가정책을 지속적으로 이행하여 왔다는 것이다. 2010년대까지의 기간을 살펴보면, 이스라엘 인구성장의 약 20.0%가 이민자로부터 이루어졌다. 2022년도만 보더라도 순(純)유입된 이민자 규모는 약 8만 명으로 코로나19 팬데믹 이전의 5년 기간과 비교했을 때 2.5배 높은 수준인 것으로 나타나, 이스라엘의 전체 인구 성장의 39.0%가 유입된 이민자에 의해 이루어졌다(Weinreb, 2023).

03
노동시장의 다양한 특성

이스라엘의 1인당 GDP는 5만 2,000달러 정도로 세계 19위의 경제규모를 보이고 있다(2023년 기준). 서비스업과 제조업에 바탕을 둔 혼합경제 체제이며, 전자 금속, 항공우주 산업, 첨단 비행기와 탱크 생산 등 첨단기술 산업이 발달하였다. 감귤류, 오렌지, 포도 등의 농산물과 사해 광물질 화장품 등의 수출 또한 활발하며, 세계 3대 종교의 성지로 연평균 200만 여 명이 찾는 관광국이기도 하다(권미경·이강근, 2016). 이스라엘에서 사용하는 화폐 단위는 ILS(신세켈)[4]로 1 신세켈은 한화로 약 372원에 해당한다.[5]

4_ New Israel Shekel의 약칭인 NIS로도 표기
5_ 2024.10. 31. 기준

이스라엘의 노동시장의 특성을 살펴보면(원종욱 외, 2013), 우선 창업에서 우리나라와 차이를 보인다. 노동시장에서 조기퇴직하거나 해고 등의 이유로 이탈하는 장년층 창업이 주를 이루는 우리나라와는 다르게 이스라엘의 경우 대학 졸업자들이 과학 및 공학에 기반을 두고 노동시장 진입하는 형태의 창업이 이루어진다. 또한 창업의 업종을 보면, 우리나라의 경우 주로 도소매업을 중심으로 한 서비스업에서 창업이 이루어지는 것과 다르게 이스라엘의 창업은 바이오공학과 IT, SW산업을 중심으로 이루어지고 있다.

특히, 창업에 대한 자금 지원은 정부 주도로 설립한 벤처캐피탈을 중심으로 이루어지는데, 투자금은 벤처캐피탈 60.0%와 정부 40.0%로 매칭 하는 방식으로 투자한다. 이러한 펀드를 활용하여 신생 창업기업들이 민간자본을 유치할 수 있는 단계까지 성장하도록 지원을 받을 수 있고, 자본유치 단계에서는 외국 기업에도 합병이나 투자를 개방하여 하이테크 창업기업이 국제시장에 진출하는 데 필요한 '글로벌 스탠다드'를 갖추도록 정부가 유도한다. 1993년에는 벤처투자법을 개정하여 실패한 사업가에게 재기의 기회를 제공하고, 창업자·대학·투자자가 기업 지분을 3분의 1씩 균등하게 나누는 것을 제도화하였다. 이러한 벤처 펀드는 20조 원에 달하는 것으로 알려져 있고, 정부가 주도했지만, 민간에서 확대함으로써 경제분야 지출이 복지정책을 희생시키지 않으면서 선순환 구조를 이룰 수 있었다는 평가를 받는다.

[표 1] 고용률 비교(2023)

(단위: %)

구분	전체 고용률		
	전체	남성	여성
OECD 평균	70.0	76.9	63.2
이스라엘	69.8	71.4	68.1
대한민국	69.2	76.9	61.4

자료: OECD Data, 2023.

이스라엘 노동시장의 또 다른 특성으로는, 성별격차가 OECD 평균수준 보다 낮아서 남성 고용률이 71.4%, 여성 고용률은 68.1%로 나타났다. 또한 남성의 고용률은 OECD 평균 및 우리나라 수준과 비교했을 때 낮지만, 여성의 고용률은 상대적으로 높은 모습을 보인다.

자녀가 있는 여성의 고용률도 상대적으로 높아서 15세 이하 자녀를 둔 여성의 고용률이 77.4%로 프랑스, 미국, 우리나라, 독일, 영육, 일본 등 보다 높은 수준을 보인다([표 2]). 또한 세 자녀 이상인 여성의 고용률에서도 프랑스, 독일, 영국, 미국, 그리고 우리나라 보다 높은 비율을 보이고 있다. 즉, 이스라엘의 전체 여성 고용률은 크게 높은 편은 아니지만 혼인 여부, 자녀 여부, 자녀의 수와 연령 등 노동시장 참여 방해 요인으로 볼 수 있는 것들로부터는 영향을 적게 받는 것으로 볼 수 있다(원종욱 외, 2013). 다만, 아랍계 이스라엘 여성의 고용률은 과거에 비하여 다소

[표 2] 전체 여성 및 유자녀 여성의 고용률

(단위: %)

구분	여성 고용률[1]	15세 이하 자녀를 둔 여성의 고용률[2]	아동 수별 여성의 고용률[4]			가장 어린 자녀 연령별 여성의 고용률[3]		
			1자녀	2자녀	3자녀 이상	3세 미만	3~5세	6~14세
스 웨 덴	73.5	82.9	82.4	85.3	76.9	74.2	84.6	87.5
덴 마 크	72.5	81.6	79.7	85.1	77.3	74.5	82.7	84.6
프 랑 스	64.5	73.9	78.2	75.9	54.6	64.2	73.7	79.6
독 일	72.0	73.8	78.0	74.1	52.3	61.7	74.1	81.5
영 국	72.0	74.2	79.0	75.6	55.4	66.1	71.5	80.6
미 국	64.6	67.1	71.3	68.1	56.3	58.8	64.5	71.4
일 본	71.5	74.8	74.8	76.3	76.9	63.1	74.6	80.3
이스라엘	**65.1**	**77.4**	**75.8**	**77.5**	**72.8**	**75.1**	**76.4**	**79.2**
대한민국	57.7	56.2	58.1	54.8	52.5	47.5	59.0	66.1

자료: 1) 여성고용률: OECD data, 2021.
　　　 2) OECD Family Database(LMF 1.2A; 1.2C; 1.2D)
주:　 1) 스웨덴 2020, 영국 2019, 그 외 2021.
　　　 2) 일본은 15세 이상 기혼 여성, 대한민국은 15~54세 기혼 여성. 대한민국, 미국 아동은 0~17세.
　　　 3) 이스라엘은 2세 미만, 2~4세, 5~14세, 대한민국은 0~6세, 7~12세, 13~17세, 미국은 0~2세, 3~5세, 6~17세 기준자료임.

증가하는 추세이기는 하지만 다른 그룹에 비해 상대적으로 낮은 것으로 나타나는데, 이는 주로 기혼 여성이 집 밖이나 마을 밖에서 일하는 것을 꺼리는 문화적 규범과 아랍 인구가 거주하는 지역의 제한된 일자리 공급과 노동시장에 대한 제한된 접근과 같은 노동시장의 구조적 장벽 때문인 것으로 보인다(Vaknin, 2020, 재인용).

여성의 고용특성을 연령별로 살펴보면, 이스라엘은 20대 초반부터 점진적으로 증가하면서 30대부터 일정 수준을 유지하다가 50대 이후 감소하는 사다리꼴을 나타낸다. 반면에 우리나라는 여전히 20대 초반에 급격히 증가하는 모습을 보이다가 출산과 육아 시기에 감소한 후 자녀의 성장한 시기로 볼 수 있는 40대 후반에 노동시장에 재진입하는 M자형 곡선을 보여주고 있다. 아울러 이스라엘의 경우 성별에 따른 그래프 모양과 그래프 간 차이가 크게 없지만 우리나라의 경우 상당한 차이를 보인다.

[그림 2] 연령대별 남녀 고용률(이스라엘과 대한민국)

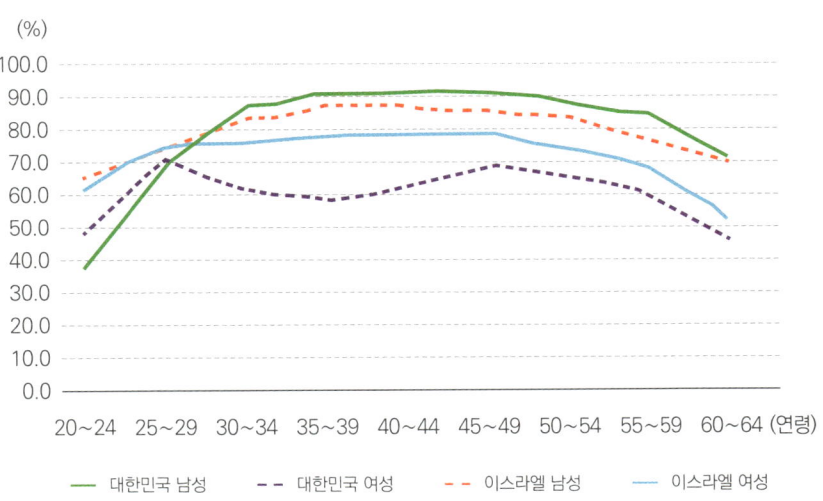

자료: OECD Family database(LMF 1.4A), 2018.

2장

이스라엘 인구 현황의 특징은 무엇인가

- 인구성장세 추이   26
- 이민자와 인구증가   32
- 높은 합계출산율   35
- 종교와 결혼문화가 인구에 주는 영향   44

01
인구성장세 추이

이스라엘의 인구성장률을 보면([표 3]), 1990년 3.09%를 기록한 이후 3.00% 이하의 성장률을 보이고 있지만 2021년 1.68%로 최저점을 기록한 이후 2022년 1.97%, 2023년 2.06%를 기록하면서 증가세로 돌아선 모습을 보이고 있다.

이스라엘의 인구구성을 보면, 2005년부터 4세 이하의 인구비율은 10.0% 수준을 유지하였고 2020년부터 9.0% 수준으로 다소 감소하는 양상이 보인다. 동기간 5~9세 인구비율은 9.0% 중반 수준에서 유지되는 모습을 보인다. 반면, 65세 이상과 85세 이상 인구비율은 지속적으로 증가하는 경향을 보인다. 특히 65세 이상 인구비율은 2005년 9.9%에서 2022년 12.4%로 상대적으로 큰 폭의 증가를 보인다.

4세 이하 및 5~9세 인구비율의 경우, OECD 국가 평균 수치 보다 다

[표 3] 인구성장률: 이스라엘과 대한민국

(단위: 년, %)

연도	이스라엘	대한민국
1970	3.32	2.18
1980	2.40	1.56
1990	3.09	0.99
2000	2.64	0.84
2010	1.83	0.50
2020	1.76	0.14
2021	1.68	−0.13
2022	1.97	−0.19
2023	2.06	0.08

자료: World Development Indicators, 2024.

소 높은 수준이고, 우리나라와 비교해 보면 상당히 높은 수준이다. 특히, 2019년부터 OECD 국가들의 4세 이하 인구비중이 8.8% 수준에서 점진적으로 감소하고 있으나, 이스라엘의 경우 9.0% 이상의 수준을 유지하고 있다. 하지만 이스라엘의 이들 연령의 인구비중 역시 2020년 9.9%, 2021년 9.8%, 2022년 9.6%로 점차 감소하는 추세를 보이고 있다.

인구규모 변화 추이를 보기 위하여 이스라엘의 연령별 출산율(Age-Specific Fertility Rates, ASFR)을 살펴보면, 유대인 여성의 경우 2000년 이후 25세 미만 연령대의 ASFR은 감소하는 경향을 보였다. 하지만 25~29세 연령대에서 비교적 안정적인 모습을 보였으며, 30~44세 연령대에서는 상당히 증가하는 추세를 보였다. 향후 10년 정도는 전반적으로 ASFR 증가율이 감소할 것이라고 예상된다. 다만, 35~39세에서는 출산 지연과 미혼모의 증가로 인하여 지속적으로 느리게 증가할 것으로 예상된다. 아랍계 이스라엘 여성의 경우 2000년 이후 ASFR의 감소는 모든 연령대에 걸쳐 나타났는데, 특히 30세 미만에서는 매우 급격한 감소를 보였다. 이는 아랍계 이스라엘 여성의 교육 및 고용이 지속적으로 증가하고 있기 때문으로 보여, 이러한 추세는 속도는 느려지겠지만 향후 지속될 것이라고 이스라엘 전문가들은 내다본다.

[표 4] OECD 국가 인구규모(2005~2022)

(단위: 명)

연도/연령	전체	4세 이하	5~9세	65세 이상	85세 이상
2005	6,558,176,119	634,207,145 (9.7%)	607,754,851 (9.3%)	480,330,123 (7.3%)	33,969,982 (0.5%)
2010	6,985,603,103	661,999,822 (9.5%)	623,975,255 (8.9%)	534,611,530 (7.7%)	43,910,577 (0.6%)
2015	7,426,597,538	687,533,995 (9.3%)	654,825,160 (8.8%)	619,720,674 (8.3%)	55,593,663 (0.7%)
2016	7,513,474,235	689,597,922 (9.2%)	661,842,426 (8.8%)	641,635,871 (8.5%)	57,880,270 (0.8%)
2017	7,599,822,403	690,360,741 (9.1%)	668,653,166 (8.8%)	665,043,400 (8.8%)	60,072,314 (0.8%)
2018	7,683,789,831	688,660,439 (9.0%)	674,324,720 (8.8%)	689,432,855 (9.0%)	62,305,637 (0.8%)
2019	7,764,951,032	684,872,621 (8.8%)	678,417,166 (8.7%)	714,652,138 (9.2%)	64,614,169 (0.8%)
2020	7,840,952,880	679,146,202 (8.7%)	681,410,510 (8.7%)	739,477,557 (9.4%)	66,695,415 (0.9%)
2021	7,909,295,151	671,477,300 (8.5%)	683,611,792 (8.6%)	761,272,596 (9.6%)	68,356,805 (0.9%)
2022	7,975,105,155	663,106,299 (8.3%)	684,419,346 (8.6%)	782,998,641 (9.8%)	69,978,550 (0.9%)

자료: OECD Data Explorer, 2024.

[표 5] 이스라엘의 인구규모(2005~2022) (단위: 명)

연도/연령	전체	4세 이하	5~9세	65세 이상	85세 이상
2005	6,930,128	709,270 (10.2%)	656,116 (9.5%)	687,442 (9.90%)	69,272 (1.0%)
2010	7,623,561	773,735 (10.5%)	711,852 (9.3%)	752,466 (9.9%)	100,103 (1.3%)
2015	8,380,149	863,969 (10.3%)	785,325 (9.4%)	919,503 (11.0%)	118,831 (1.4%)
2016	8,546,009	878,182 (10.3%)	806,950 (9.4%)	958,664 (11.2%)	121,512 (1.4%)
2017	8,713,268	892,093 (10.2%)	826,792 (9.5%)	998,127 (11.5%)	124,092 (1.4%)
2018	8,882,764	904,786 (10.2%)	845,379 (9.5%)	1,037,088 (11.7%)	126,845 (1.4%)
2019	9,054,026	914,073 (10.1%)	861,838 (9.5%)	1,074,878 (11.9%)	129,307 (1.4%)
2020	9,215,113	915,396 (9.9%)	876,261 (9.5%)	1,110,793 (12.1%)	132,143 (1.4%)
2021	9,371,400	915,200 (9.8%)	890,200 (9.5%)	1,145,400 (12.2%)	135,700 (1.4%)
2022	9,528,600	914,400 (9.6%)	903,600 (9.5%)	1,179,000 (12.4%)	140,700 (1.5%)

자료: OECD Data Explorer, 2024.

[표 6] 대한민국의 인구규모(2005~2022)

(단위: 명)

연도/연령	전체	4세 이하	5~9세	65세 이상	85세 이상
2005	48,184,561	2,524,288 (5.2%)	3,233,565 (6.7%)	4,320,787 (9.0%)	235,238 (0.5%)
2010	49,554,112	2,271,803 (4.6%)	2,497,927 (5.0%)	5,366,109 (10.8%)	357,029 (0.7%)
2015	51,014,947	2,290,097 (4.5%)	2,251,100 (4.4%)	6,541,168 (12.8%)	511,574 (1.0%)
2016	51,217,803	2,240,110 (4.4%)	2,297,146 (4.5%)	6,757,083 (13.2%)	550,569 (1.1%)
2017	51,361,911	2,151,219 (4.2%)	2,308,987 (4.5%)	7,066,060 (13.6%)	598,147 (1.2%)
2018	51,585,058	2,038,736 (4.0%)	2,288,927 (4.4%)	7,366,085 (14.3%)	647,549 (1.3%)
2019	51,764,822	1,930,344 (3.7%)	2,276,175 (4.4%)	7,688,994 (14.9%)	708,792 (1.4%)
2020	51,836,239	1,776,616 (3.4%)	2,278,285 (4.4%)	8,151,867 (15.7%)	781,582 (1.5%)
2021	51,744,876	1,617,527 (3.1%)	2,229,491 (4.3%)	8,571,347 (16.6%)	859,362 (1.7%)
2022	51,628,117	1,483,112 (2.9%)	2,141,600 (4.1%)	9,018,412 (17.5%)	939,379 (1.8%)

자료: OECD Data Explorer, 2024.

02
이민자와 인구증가

이스라엘의 인구성장률 증가 추세의 주된 이유는 이민자의 유입이라고 볼 수 있다. 즉, 이스라엘의 이민자 유입은 증가하고 있는 반면에 이민 출국자는 감소하고 있는 것으로 나타났을 뿐만 아니라, 순(純) 이주로 증가한 이민자 규모가 출생아 수의 감소와 사망자 수의 증가로 인한 인구감소를 충분히 상쇄하는 모습을 보인다. 2022년 자료만 보더라도(Weinreb, 2022) 당해연도 9월까지 5만 2,578명이 공식적으로 이스라엘로 유입되었다.[6] 이는 2021년 전체 규모와 비교했을 때 거의 두 배에 이르는 수준이며, 2018년보다 2만 명, 2019년보다 1만 5,000명, 2020년보다 3만 명 증가한 규모이다.

6_ 이스라엘 부모에게서 이스라엘 밖에서 태어난, 소위 이민 시민인 1,375명의 인구가 포함된 수치임.

이러한 유입 이민자의 특성을 보면(Weinreb, 2022), 2022년 기준, 순(純) 이민자 유입 규모 증가는 동구권 국가들(the Former USSR European Countries)에서 기인하는 것으로 나타났다. 2022년 1월부터 9월까지의 자료를 살펴보면, 이들 국가에서 4만 1,833명의 이민자가 있었으며, 이는 이스라엘 전체 이민의 약 82.0%를 차지하는 것으로 나타났다. 2022년 이들 국가의 이민규모가 상당히 높았던 것은 전년 동기간을 보면 알 수 있다. 2021년 1~9월 동안 해당 국가에서 온 이민자는 7,675명으로 전체 이민자의 약 44.0% 정도를 차지하는 것으로 집계되었다. 또한 해당 지역 외의 다른 국가 출신의 이민은 2021년 9,821명에서 2022년 9,374명으로 오히려 다소 감소하는 것으로 나타났다.

2022년 이스라엘 이민자들의 특징은 연령이라고 볼 수 있는데, 30대 후반이 가장 많은 것으로 나타났고, 이들의 평균 출산연령이 30세 전후이므로 이들과 함께 이주하게 되는 자녀의 비율도 높은 것으로 나타났다. 또한 증가한 이민자들은 특정 지역에 정착하는 것이 아니라 이스라엘 내 다양한 지역에 정착하는 것으로 나타났다. 하이파(Haifa), 텔아비브(Tel Aviv), 네타냐(Netanya)는 2022년 1월부터 9월까지 각각 5,000명 이상의 새로운 이민자가 유입되었고, 예루살렘(Jerusalem)에는 3,700명 정도가 새로이 정착한 것으로 나타났다. 특히, 베이트 알파(Beit Alfa), 예히얌(Yehiyam), 에이노(Eynot)와 같은 소규모 도시에도 이들이 정착하여 각 도시의 인구를 7.0% 이상 증가시키는데 기여하였다. 마찬가지로 유입된 이민자를 통하여 나하리야(Nahariya), 노프 하갈릴(Nof HaGalil) 등의 인구는 약 3.0% 증가하였고, 바트 얌(Bat Yam), 아코(Acre) 등에서도 최소 2.0%의 인구증가를 보였다.

03
높은 합계출산율

이스라엘의 합계출산율은 3.00명으로 OECD 평균인 1.58명, 우리나라의 0.81명보다 상당히 높다.[7] 1980년부터 추이를 비교해 보면 (OECD, 2022), 우리나라는 1980년 2.82명, 2010년 1.24명, 2021년 0.81명으로 급격히 감소하였고, OECD 국가들의 평균 합계출산율 역시 1980년 2.25명에서 2010년 1.71명, 2021년 1.58명으로 감소했지만, 이스라엘의 경우 약간의 등락은 있었지만 1980년 3.14명, 2010년 3.03명, 2021년 3.00명으로 전반적으로 3.00명 수준을 크게 벗어나지 않는 모습을 보였다.

7_ 국가 간 비교를 위하여 가장 많은 국가의 가용 자료를 활용할 수 있는 2021년 기준자료임.

[표 7] **국가별 합계출산율(이스라엘, 대한민국, OECD 평균)** (단위: 명)

구분	1980	1985	1990	1995	2000	2005	2010	2015	2018	2019	2020	2021
이스라엘	3.14	3.13	3.20	2.88	2.95	2.84	3.03	3.09	3.09	3.01	2.90	3.00
대한민국	2.82	1.74	1.57	1.63	1.48	1.09	1.24	1.24	0.98	0.92	0.84	0.81
OECD	2.25	2.03	1.98	1.77	1.70	1.67	1.71	1.68	1.63	1.60	1.56	1.58

자료: OECD, 2022., Fertility rates(https://data.oecd.org/pop/fertility-rates.htm 2024.7.3. 인출)

다른 여러 OECD 국가들과 비교를 확대해 보면([그림 3]), 이스라엘의 합계출산율은 OECD 국가 평균 수준을 상당히 웃도는 수준이다. 이는 두 번째로 합계출산율이 높은 프랑스 1.8명보다도 매우 높은 수치이다. 특히, 합계출산율 하위권인 이탈리아(1.3명), 일본(1.3명), 우리나라(0.8명) 등과 비교해 보면 상당히 큰 차이를 보인다.

하지만 이스라엘 중앙통계청(Central Bureau of Statistics, CBS) 자료를 바탕으로 조금 더 자세히 들여다 보면(Weinreb, 2023, 재인용), 2018년부터 나타나기 시작한 합계출산율의 감소추세가, 코로나19 팬데믹 이후인 2022년부터 다시 나타나고 있는 것으로 보인다. 향후 이러한 상황이 지속될 수 있음에 이스라엘의 관련 전문가들은 우려를 나타내고 있다. 합계출산율의 감소추세를 종교별로 살펴보면, 2018년과 2022년을 비교해 봤을 때, 유대교 3.17명에서 3.03명, 무슬림 3.20명에서 2.91

[그림 3] OECD 국가별 합계출산율(2024)

(단위: 명)

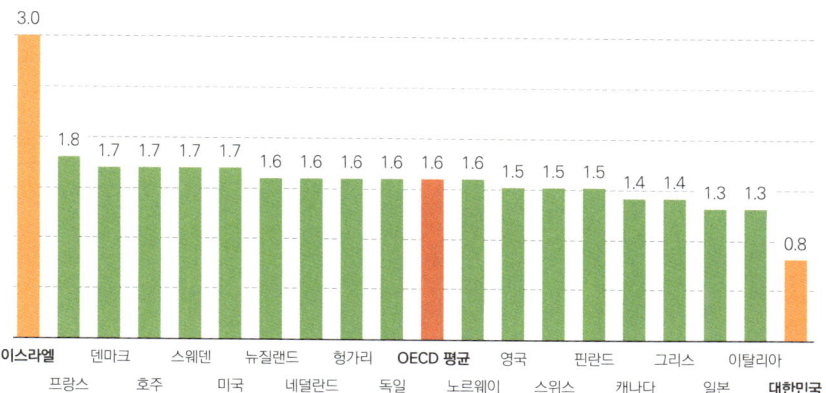

자료: OECD, 2024., Fertility rates 자료를 토대로 재구성함.

명, 기독교 2.06명에서 1.68명, 무교 1.54명에서 1.26명 등으로 감소하는 모습을 보였다. 그 감소폭을 보면 유대교 4.4%, 무슬림 9.1%, 기독교 18.4%, 무교 18.2% 등으로 나타나, 기독교와 무교의 경우 변화가 크게 나타난 것을 알 수 있다.

그러나 Weinreb & Shraberman(2022)에 따르면, 유대인/기타 인구의 합계출산율은, 2021년 9월 기준으로 보았을 때, 2019년 수준으로 회복한 모습을 보였다. 다만, 아랍 인구의 합계출산율이 2021년 1월에서 6월까지 자료로는 낮은 수준을 보였으나, 이후 증가세를 보이면서 2019년 수준과 비교하여 오히려 더 높은 수준을 나타냈다.

CBS가 2022년 발표한 자료에서도 이러한 추세가 확인되었는데, 2021년 이스라엘의 합계출산율은 2020년 2.90명에서 0.10명 증가한 3.00명으로 나타났다. 이러한 증가는 대체적으로 유대인 여성의 합계출산율이 0.13명 증가한 데서 기인한 것으로 보인다. 이 외의 그룹을 살펴보면, 무슬림 여성의 합계출산율 증가는 0.02명, 기타 0.04명, 드루즈파 0.06명 등으로 나타났고, 특히 기독교계 아랍 여성의 경우는 지속적인 합계출산율 감소를 보여서 그 증가수준이 0.08명 수준으로 매우 낮게 나타났다.

2021년에 나타난 특정 하위 인구집단(유대인/기타)이 견인한 일반출산율(General Fertility Rate, GFR) 증가의 효과가 2022년에는 거의 나타나지 않았다. 즉, [그림 4]에서 볼 수 있듯이 2022년 GFR을 보면, 유대인/기타 인구의 경우 2020년과 비교하여 0.7% 낮았고, 2021년보다는 3.2% 낮은 것으로 나타났고, 아랍 인구에서는 2.6% 낮아진 것을 볼 수 있다.

다만, 이러한 출산율의 감소가 바로 출생아 수의 감소로 이어지지는 않을 것이라고 이스라엘의 전문가들은 보고 있다. 출생아 수는 출산율에 가임 연령(15~49세) 여성의 수를 곱한 결과이고, 유대인/기타 인구와 아랍 인구 모두에서 가임 연령(15~49세) 여성 인구규모가 지난 기간 동안 매년 증가해 왔기 때문이다. 실제로 [표 8]에서 보는 바와 같이 각 하위 인구집단의 출생아 수가 상대적으로 안정적으로 유지되고 있어 이러한 주장은 일정 부분 타당하다고 받아들여지고 있다(Weinreb & Shraberman, 2022).

[그림 4] 하위 인구집단별 일반출산률 변화(2019~2022)

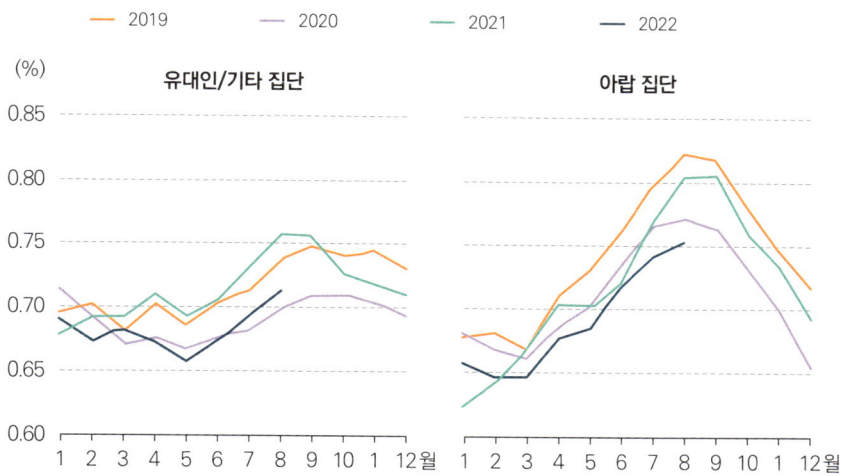

자료: Weinreb & Shraberman, 2022.
주: 15~49세 여성 중 출산한 여성의 비율

[표 8] 산모의 인구 집단별 출생아 수

(단위: 명)

연도	유대인/기타 인구	아랍 인구	전체 인구
2019	78,717	24,556	103,273
2020	77,607	24,339	101,946
2021	80,371	24,308	104,679
2022	78,150	24,491	102,641

자료: Weinreb & Shraberman, 2022.

다음으로 CBS가 1만 명 이상의 주민이 거주하는 136개 도시에 대해 발표한 연간 합계출산율 자료를 바탕으로 이스라엘의 지역별 인구변화를 살펴보았다(Weinreb & Shraberman, 2022). 지역별 합계출산율과 그 변화를 살펴보면, 크게 두 가지 중요한 추세를 파악할 수 있다. 첫째, 지역별 합계출산율이 상당한 차이를 보인다. 2020년 현재 하이파(Haifa), 텔아비브(Tel Aviv), 북부 지역(the North), 중부 지역(Central Districts) 등은 저출산 지역으로 볼 수 있는데, 이들 지역의 합계출산율은 2.30~2.55명 수준으로 나타났다. 남부 지역(Southern District)의 합계출산율

[표 9] 지역별 합계출산율

구분		합계출산율(명)				증감(명)		
지역	마을 및 도시 수	2014	2016	2018	2020	2014~2020	2016~2020	2018~2020
유대/사마리아	6	5.77	5.72	5.58	5.26	-0.51	-0.46	-0.32
예루살렘	4	4.04	4.05	4.04	3.91	-0.13	-0.14	-0.13
남부	19	3.28	3.35	3.41	3.15	-0.13	-0.19	-0.26
중부	32	2.81	2.78	2.76	2.55	-0.26	-0.23	-0.21
텔아비브	11	2.70	2.69	2.61	2.47	-0.23	-0.22	-0.14
북부	38	2.66	2.66	2.64	2.40	-0.26	-0.26	-0.23
하이파	26	2.49	2.47	2.47	2.30	-0.19	-0.17	-0.18

자료: Weinreb & Shraberman, 2022.

은 3.15명, 예루살렘(Jerusalem) 3.9명, 유대/사마리아(Judea/Samaria) 5.26명으로 나타났다.

둘째, 출산율 감소의 정도 역시 앞서 본 첫 번째 추세와 마찬가지로 지역별로 차이가 크게 나타났다. 즉, 2014년에서 2020년 기간 동안 합계출산율은 유대/사마리아(Judea/Samaria)에서 0.51명 감소, 북부 지역(the North)과 중부 지역(Central districts)에서 각각 0.26명 감소, 텔아비브(Tel Aviv)에서 0.23명 감소했다. 그러나 이러한 감소 추세가 나타나는 시기는 지역별로 다른 것으로 나타났다. 텔아비브(Tel Aviv)와 유대/사마리아(Judea/Samaria) 등의 2개 지역에서는 2016년부터 합계출산율의 감소세가 나타나기 시작하였으나, 그 외 다른 지역에서는 2018년 이후에 나타난 것으로 보인다.

도시 수준에서 합계출산율을 살펴보면, 최근 들어 그 감소세가 나타나기 시작한 것을 확인할 수 있다(Weinreb & Shraberman, 2022). 왼쪽 패널은 대규모 도시(인구 20만 명 이상)의 추세를 보여주는데, 텔아비브와 브엘세바(2015년), 네타냐와 페타티크바(2017년), 하이파와 리숀 레지온(2018년)을 시작으로 6개 주에서 합계출산율이 대체적으로 하락하는 모습을 보인다. 중규모 도시(인구 10만~20만 명)의 경우도 유사한 추세를 볼 수 있다. 이러한 합계출산율 감소의 대부분은 0.2~0.3 범위이다.

[그림 5] 인구규모에 따른 도시지역 합계출산율

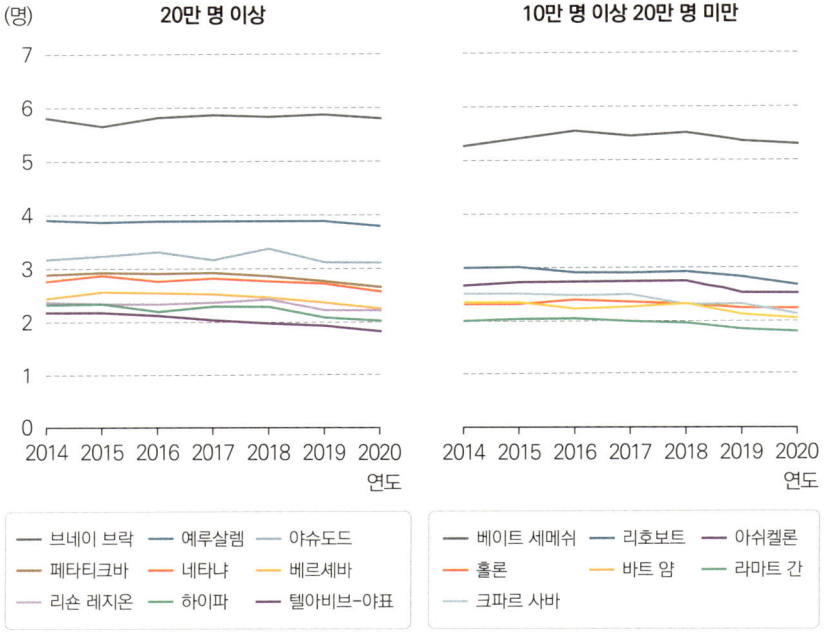

자료: Weinreb & Shraberman, 2022.

 앞서 간단하게 언급했던 것과 같이, 최근 들어 여러 자료를 통해 이스라엘의 저출산 추세가 다소 확인되고 있고 이러한 합계출산율의 감소 추세는 조심스럽지만 지속될 것으로 이스라엘 인구전문가들은 보고 있다. 다만, 다른 선진국들처럼 저출산 국가로 변화하고 있다고 보기에는 다소 이른감이 있다는 의견이다. 이러한 합계출산율의 감소에 대한 주된 이유로 경제적 요인을 들 수 있다. 대체적으로 이스라엘의 경우 다른 선진국들에 비해 출산을 결정함에 있어 소득수준의 영향이 상대적으로 적은 것으로 나타났었으나 최근 들어 지속적으로 나타나는 생활비 상승에 대한 불안감이 출산을 연기하는 것에는 영향을 주게 될 것이라고 전문가들은 예측하고 있다(Bental & Shami, 2022; Gal et al., 2022). 물론 경제가 회복됨에 따라 지연되었던 출산이 이루어져 출산율이 회복될 수는 있겠지만, 이는 일부 계층에만 나타날 수 있기 때문에 완전한 회복을 기대하기는 어렵다는 것이다(Weinreb & Shraberman, 2022). 또한 출산을 적게 하는 여성과 그러한 가구의 수가 증가하고 있는 추세가 나타나고 있다. 무엇보다도 2000년에서 2020년 사이 여성의 첫 출산 연령이 지속적으로 증가하고 있는데, 종교별로 살펴보면, 유대인의 경우 1.9년, 무슬림의 경우 1.4년, 드루즈(Druze)교(파)와 기독교 아랍인의 경우 3.5년 증가한 것으로 나타났다. 혼인율 또한 감소추세를 보여 2015년에서 2019년 기간 동안 주요 종교 단체에서 총 혼인율(40세 미만)은 12.5% 감소하는 모습을 보이고, 한편으로 무슬림 인구 중에서는 젊은 연령의 이혼율이 급격히 증가 모습을 보이고 있다(Weinreb & Shraberman, 2022).

04
종교와 결혼문화가 인구에 주는 영향

이스라엘 결혼은 다른 OECD 국가와 비교했을 때 종교의식을 따르지 않는 민간 결혼(Civil Marriage)이 없다는 데에 큰 특징이 있다. 아랍 국가들과 마찬가지로 이스라엘은 국내에서 이루어지는 민간 결혼을 인정하지 않고, 국내 결혼은 단일 종교 내에서 인정된 기관에서만 진행할 수 있다. 따라서 민간 결혼이 없기 때문에 다른 종교를 믿는 경우 이스라엘에서 결혼하는 것은 불가능하여 결혼을 하고자 한다면 최소한 한 파트너가 다른 파트너의 종교로 개종해야 한다. 아울러 이스라엘의 법은 종교가 없는 것으로 분류된 경우에도 (공식적인 증명서를 줄 수 있는 종교 담당자가 없기 때문에) 국내에서 결혼하는 것은 불가능하다. 하지만 종교가 없는 것으로 분류된 약 50만 명의 인구가 이스라엘에서 가장 빠르게 성장하는 인구이고, 거주, 교육, 군 복무, 언어, 노동시장 참여 등의 측면에서 세속적인 유대인 사회에 완전히 통합되어 있다. 그러므로 인구성장 측면에서 이들을 주요하게 고려할 필요가 있어 보이며, 이스라엘 전문가들도 이에 주목하고 있는 것으로 보인다(Weinreb, 2022).

다만 최근에 이스라엘에서도 다른 선진국들과 마찬가지로 결혼을 하지 않는 인구가 다소 증가하는 모습을 보이고 있다. 우선 미혼 동거 커플이 2015년 8만 7,000쌍에서 2020년 10만 1,000쌍으로 증가한 것으로 나타났으며, New Family Organization에서 발급하는 국내 사실혼 증명서(Domestic Union Certificates)[8] 발급 건수도 증가하는 것으로 나타났다. 이러한 미혼인구 비율의 증가는 이스라엘 국민의 구성적 변화, 동거 선택 비율, 그리고 결혼에 대한 대중 담론의 변화를 반영한다고 할 수 있다(Weinreb, 2022). 혼자 살고 있지 않는, 즉, 동거인이 있는 유(有)동거자 중에서 2013~2020년 기간 동안 미혼 상태를 유지하기로 선택한 동거 커플의 비율은 전체의 약 5.0%를 차지하는 것으로 나타났다. 다른 국가들의 미혼을 선택한 동거 커플의 비율은 미국 12.0%, 독일 13.0%, 아일랜드 14.0%, 네덜란드 21.0%, 덴마크 24.0%, 노르웨이 27.0% 등으로 나타나(Tal Spero, 2015), 이스라엘의 그 비중이 상대적으로 낮은 수준임을 알 수 있다.

8_ 해당 증명서는 EU 국가에서 법적 효력이 있는 사실혼 인정증명으로 2008년에 2,800건이 발급되었고, 그 수치가 지속적으로 증가하여 2014년에는 5,400건이 발급됨.

하지만 자료를 출생 코호트와 연도별로 구분하여 더 자세히 살펴보면, 이스라엘의 비율(5.0%)은 실제로 두 가지 특성이 있음을 알 수 있고, 이를 통하여 결혼에 대한 변화의 징후가 있음을 알 수 있다. 첫째, 2015년 30대와 40대 초반의 미혼 동거자들이 2020년에는 기혼 상태가 된 추세를 확인할 수 있는데, 이러한 변화는 특히 2015년 30~34세(1980년대 후반 출생)였던 코호트에서 가장 두드러지게 나타났다. 2015년 해당 코호트에서 미혼 동거 여성은 13.8%, 남성은 18.2%였으나, 2020년 해당 출생 코호트의 미혼 동거 여성은 6.8%, 남성은 9.5%로 하락하였다. 이러한 변화는 2015년 35~44세 집단에서도 나타났다.

[표 10] 유(有)동거인 가구 중 미혼동거 비율: 출생 코호트별 (단위: 세, %)

출생년도	연령 (2015)	연령 (2020)	여성		남성	
			2015	2020	2015	2020
1996~2000	20~24	25~29	-	14.8	-	18.2
1991~1995	25~29	30~34	11.8	14.1	13.6	18.0
1986~1990	30~34	35~39	13.8	6.8	18.2	9.5
1981~1985	35~39	40~44	5.8	4.7	7.9	4.9
1976~1980	40~44	45~49	4.1	3.2	4.1	3.8
1971~1975	45~49	50~54	3.5	4.6	3.4	4.1
1966~1970	50~54	55~59	2.6	4.2	2.9	3.5

자료: Weinreb, 2022.

3장

이스라엘 사회보장제도 무엇이 다른가

- 사회보장제도 특징   48
- 양육가구 관련 사회보장제도   53
- 그 밖에 사회보장제도   55

01
사회보장제도 특징

이스라엘은 베버리지 모델[9]에 기초하여 사회보험, 완전고용, 아동수당 등 제도를 도입하였다. 즉, 초기에는 사회보험에 기초한 보편주의적 복지국가(Universal Welfare State)를 목표로 하여 자산 수준에 관계 없이 모든 국민을 복지정책의 대상으로 하여, 가입자 기여금, 고용주 부담금, 국가재정 지원금 등으로 재정을 마련하여 지원하였다. 노령연금은 이러한 보편주의적 복지국가의 사회보장을 실행한 대표적인 사례이다. 하지만 이후 자산조사 등을 통한 선별적 복지와 범주적 급여방식이 도입되었고, 1982년에 도입된 자산조사에 기초한 소득부조(Income

---

9_ 영국 복지국가의 기초가 된 모델임. 베버리지형 보편주의적 복지의 사회보험 프로그램은 자산조사 없이 모든 국민을 대상으로 하며, 재정은 가입자의 기여금, 고용주의 부담금, 국가재정의 지원금으로 구성됨(원종욱 외, 2013).

Support)가 대표적인 선별적 사회부조 프로그램이다(원종욱 외, 2013, 재인용).

이스라엘 사회보장제도의 가장 큰 특징은 범주적 현금급여[10]로 볼 수 있는데, 이는 유대교 이민자들을 통합하기 위한 목적으로 시행되었고, 그에 따라 이민자들에게 중요한 소득자원으로의 역할을 한 것으로 보인다. 이스라엘 국가보험청(National Insurance Institute, NII)이 사회적 위험별로 분류한 이스라엘의 사회보장 프로그램은 [표 11]과 같다(원종욱 외, 2013).

현금급여 기준액은 NII에서 2006년 1월 이후 매해 발표하고 있다. 기본급여액은 전년도 소비자물가지수의 증가율을 적용하여 산정하는데, 각 사회보장 프로그램에는 네 개의 기본급여 유형 중 하나를 적용하게 된다(원종욱 외, 2013). 2024년 기준 기본급여액은 [표 12]와 같다.

10_ 오정수(2012)에서 정의한 '소득상의 지위나 사회보험에의 기여와 관계없이 사회적으로 규정한(Socially Defined) 일정한 범주의 사람들에게 지급되는 급여'의 개념을 사용함.

[표 11] 이스라엘의 범주적 복지급여 프로그램

명칭	시행 연도	재원	급여 기능[1]	급여내용
산업재해 수당 (Work Injury Allowance)	1954	고용주, 피용자, 국가	보상	이전 개인 임금의 75% 지급
적대적 행동 상해 (Hostile Action Casualities)	1949	국가	보상	전쟁장애인(전쟁연금)에 상응하는 장애수당 지급
시온주의운동가 보상 (Prisoners of Zion and Markyrs)	1973	국가	보상	시온주의운동 중 투옥자, 순교자와 가족에 대한 급여 지급
전쟁연금 (War Pension)		국가	보상	전쟁장애인 연금 지급
예비군 급여 (Reservist Benefit)	1977	국가	보상	Basic Amount[2]의 최소 68%에서 최대 500% 지급
이민 패키지 (Absorption Package)	1991	국가	보상	이민도착 직후 6개월간의 주거비, 히브리어 언어훈련 비용 지급
이방인 보상 (Righteous Gentiles)	1986	국가	보상	매년 국가가 정한 평균임금 (2012년 NIS 8,619) 지급
자원봉사자 급여 (Volunteer's Benefit)	1978	국가	보상	노동상해와 동일한 급여 지급
일반장애연금 (General Disability)	1975	고용주, 피용자, 국가	소득 유지	NII가 매년 정한 급여기준액 Basic Amount[2]의 25% 지급
상해수당 (Accident Injury Allowance)	1981	고용주, 피용자, 국가	소득 유지	피용자의 경우에는 이전 임금의 75%, 피용자가 아닌 경우에는 기본급여2의 25% 지급
장애아동 급여 (Disabled Child Benefit)	1981	국가	소득 유지	장애아동의 의존 정도에 따라 개인연금의 30~140% 지급
주부노령연금 (Housewife Pension)	1996	국가	소득 유지	여성노인을 위한 연금 지급

명칭	시행 연도	재원	급여 기능[1]	급여내용
학습수당 (Study Grant)	1975	국가	소득 보충	한부모가족, 이민아동에게 지급
이동수당 (Mobility Allowance)	1975	국가	소득 보충	장애로 인한 이동을 위한 수당 지급
돌봄수당 (Attendance Allowance)	1979	국가	소득 보충	의존의 정도에 따라 개인연금의 50~175%
출산/모성수당 (Birth/Maternity Grant)	1954	국가	소득 보충	출산수당: 첫째아 기본급여액[2]의 20%, 둘째 9%, 셋째 6%, 쌍둥이 100%
가정폭력 급여 (Domestic Violence Benefit)	1994	국가	소득 보충	연금상한(Full Pension)[3]의 60~100% 지급, 아동 수 4명 이상 100%, 1명인 경우 60%
아동수당 (Child Allowance)	1959	고용주, 국가	소득 보충	첫 자녀는 NIS 173, 둘째 자녀 이후 추가 지급(NIS 93)

자료: National Insurance Programs in Israel: National Insurance Institute, 2012(원종욱 외, 2013).
주: 1) 보상(Compensation)의 기능은 전쟁 수행이나 군복무, 직업활동 중에 발생한 능력의 상실, 신체 일부의 상실이나 사망 등의 경우에 개인의 소득을 보상하는 것이며, 소득유지(Income Maintenance)의 기능은 노동을 통하여 자신의 생계를 충분히 유지하기 어려운 사람들에게 사회안전망의 역할을 수행하도록 최소한의 급여를 제공함. 소득보충(Income Supplement)의 기능은 아동수당, 모성급여, 장례비 등 추가의 욕구와 비용이 발생한다고 간주되는 사람들에게 그 비용을 지급
2) 이스라엘의 사회보장제도 특징 중 하나는 자발적인 봉사활동에 의한 사회복지서비스의 제공임. 성인 인구의 약 20.0%가 자원봉사자임. 이들 단체들은 약물남용, 배우자 및 어린이 문제, 도로안전과 환경보존문제 등을 다루는 병원, 응급처치보조단체부터 여성지위, 이민자 및 소비자 권리와 군인복지에 노력을 기울이고 있는 민간보호 및 구호활동 단체를 구성하여 활동함. 전통적으로 자원봉사 활동을 하였던 여성들이 노동시장 참여를 하게 되면서 (남녀) 퇴직자들의 비중이 증가함(원종욱 외, 2013).
3) NII이 정한 기본급여1(2024년 기준 NIS 9,930)
4) 부모 사망 당시 부모의 평균임금의 75%

[표 12] 기본급여 종류 및 금액(2024)

기본급여1	기본급여2			기본급여3	기본급여4
NIS 9,930	NIS 169	NIS 214	NIS 158	NIS 9,806	NIS 10,338
• 출산수당 • 상해수당 • Bar-Mitzvah 수당 • 사망수당 • 산업재해 수당 • 자원봉사 급여	아동수당			기타 급여 (기여가 있는 급여의 최대 소득 산정시)	일반장애연금 비율에 따른 모든 수당
	첫째아 또는 다섯째아 이상	둘째아~ 넷째아	소득 지원법에 따른 급여		

자료: The National Insurance Institute of Israel, 2024.

02
양육가구 관련 사회보장제도

사회보장제도 중에서 먼저 자녀양육 가구를 지원하기 위한 제도를 살펴보면, 아동수당, 출산수당(Birth Grant), 모성수당(Maternity Allowance) 등이 있다. 아동수당은 1959년에 도입되어 1975년에 보편적 급여로 확대되었으며, 2002년부터는 가구규모에 상관 없이 18세 미만의 아동을 양육하는 이스라엘에 거주하는 모든 가구에게 보편적 현금급여로 지급되고 있다. 도입 초반에는 아동출산을 장려하기 위한 목적에 더 큰 비중을 두었으나 관련 연구에 따르면 해당 목적으로는 만족할 만한 결과를 얻지 못한 것으로 나타났다. 출산수당은 아동의 안전한 출산을 지원하기 위하여 병원에서 출산한 산모에게 지급되며, 2024년 현재 기본급여1(NIS 9,930)에 따라 20.0%(첫째아), 9.0%(둘째아), 6.0%(셋째아), 100.0%(쌍둥이) 등의 수준으로 지원되고 있다. 모성수당은 취업모를 위하여 출산휴가 중 15주 동안 임금대체의 수단(이전 평균임금의 100.0%)으로 지급되고, 배우자에게도 나누어 지급될 수 있다(원종욱 외, 2013).

1992년에 「한부모가족법」을 제정하여 한부모에 대한 사회부조 급여를 제공하고, 7세 미만 자녀를 양육하는 한부모에 대해서는 근로조건을 폐지하였다. 이는 1990년대 초 구(舊)소련과 동구권 체제의 해체로 해당 국가에 거주하던 100만 명 이상의 유대인들이 이스라엘로 유입되었고, 이러한 새로운 이민 가정의 13.0%가 한부모가족임을 고려하여 이들의 자녀 양육을 최대한 지원하기 위해서였다. 이후 복지에 대한 국가의 역할과 개입을 축소하고자 하는 기조가 경기회복을 위해 조세감축, 국영경제 민영화, 공공부문 인력감축 등의 정책과 동시에 추진되면서 여러 복지지원이 축소되었는데, 특히 아동수당과 실업급여에 대한 자격제한이 도입되어 지원 대상이 축소되기도 하였다(원종욱 외, 2013).

아동수당과 관련하여, 자연적 인구 증가로 인해 대상 가구 수가 상당히 증가했지만, 수당의 실질적 수준은 정부가 2013년에 아동수당을 삭감하여 2013년과 2014년 사이에 급격히 감소했다고 전문가들은 지적한다. 하지만 2015년 중반 정부가 이를 취소하면서 일부는 수당으로 복원되었고,[11] 또 다른 일부는 2017년 시행한 자녀 저축 계획 프로그램에 예치하였다. 따라서 2014년과 2016년 사이에 가족당 지급된 평균 자녀 수당은 22.0% 증가했다(Gal and Madhala-Brik, 2016).

11_ 복원된 수당은 2015년 5월부터 소급하여 지급됨(Gal and Madhala-Brik, 2016).

03
그 밖에 사회보장제도

고령자를 위한 사회보장은 전체 사회보장지출에서 가장 비중이 높으며, 모든 고령자(남성 70세, 여성 70세 이상)와 배우자에게 지급되는 보편적 노령연금, 추가의 소득이 필요한 고령자를 위한 선별적 프로그램인 소득부조, 직업연금, 공제저축 등의 네 개 부문으로 구성되어 있다.

두 번째로 큰 비중은 장애인에 대한 사회보장제도가 차지하고 있고, NII에서 일반장애보험과 노동상해보험을 운영하고 있다. 일반장애보험법은 최저생계수준을 보장하는 장애연금, 타인의 도움을 필요로 하는 장애인을 위한 돌봄수당(Attendance Allowance), 장애자녀를 수발하는 가족을 위한 장애아동수당, 장애인의 이동을 돕기 위한 이동수당(Mobility Allowance) 등의 네 개 수당을 지원하고 있다. 노동상해보험은 작업 중 사고나 질병으로 장애를 가진 사람들에게 급여와 재활서비스를 제공하는데 당사자의 생활수준을 유지하기 위한 것으로 상해 이전 소득의 75.0%를 지급한다.

마지막으로 근로자를 위한 사회보장으로는 실업보험, 소득부조가 있다. 비자발적 실업자에 대한 임금보상인 실업보험 급여는 연령이나 부양자 수에 따라 50~175일간 지급된다. 소득부조는 최저생계를 유지할 능력이 없는 개인과 가족을 위한 사회안전망으로 미고용 상태이거나 소득수준이 낮은 근로계층을 위한 제도이다. 해당 제도는 선별적인 성격을 가지며 자산조사와 노동시장에 진입하고자 하는 노력을 전제하여 고용테스트를 통한 후 수급자를 결정한다.

글로벌 인구위기와 기업 대응사례 03

4장

영유아 교육·보육은 어떻게 이루어지고 있나

- 영유아 교육·보육정책 개요　　　　　　58
- 영유아 교육·보육 5개년 계획　　　　　　65
- 향후 정책 방향은 어떠한가　　　　　　　71

# 01
영유아 교육·보육정책 개요

이스라엘은 전 국민에게 3세부터 무상교육을 실시하고 있다. 반면에, 2세까지의 영아의 경우, 저소득 가구에만 영아교육에 대한 보조금을 정부가 지원하고, 차상위 이상의 계층은 정부의 지원 없이 개별 가구가 민간시설을 이용해야 한다. 따라서 민간 영유아 교육이 다소 높은 비중을 차지하는 것으로 나타난다(Vaknin, 2020).

이스라엘의 2015년부터 2020년까지 교육부 예산은 연간 4%에서 8% 사이의 비율로 증가했다. 그 중에서 유치원에 대한 예산은 2019년 NIS 75억, 2020년 NIS 76억 수준이다(Blass, 2021).

노동 및 사회부(Ministry of Labor and Social Welfare)가 2003년에 재편된 후 2015년까지 영유아 교육·보육의 기관설치, 규제, 등록 등 관련 업무는 경제부(Ministry of Economy) 관할이었다. [표 14]에서 알 수 있

[표 13] 교육 예산 집행(2019, 2020)

주요 활동 항목	2019년 예산 집행 (십억 NIS)	2020년 예산 집행 (십억 NIS)	2020/2019
유대교 관련 활동 지원	1.413	1.401	0.99
행정 부서	1.832	1.647	0.90
교육근로자 관리	2.081	1.706	0.82
농촌 정착 교육	3.763	3.864	1.03
보충수업, 교통, 개발 지원금	3.947	4.851	1.23
시스템 개선을 위한 보조 활동	4.988	5.306	1.06
유치원	7.522	7.682	1.02
특수교육	8.255	8.917	1.08
고등학교	9.937	10.533	1.06
초등학교 및 중학교	17.157	18.103	1.06
교육부	60.947	64.031	1.05

자료: Ministry of Finance, Accountant General Department(Blass, 2021. 재구성)

듯이, 2015년 어린이집에 대한 지출은 NIS 12억 수준이었다. 특히, 2010년에서 2015년 사이에는 취업부모의 영유아 자녀를 위한 방과후 프로그램 수업료 보조금과 관련된 지출이 41.0% 증가했다. 아울러 해당 기간에 어린이집 설치와 어린이집 리모델링 등에 상당한 예산이 투입되어 총 지출이 66.0% 증가하는 모습을 보였다.

[표 14] 경제부의 보육 및 가정돌봄 예산

(단위: 집행예산, 2015년 가격 기준, NIS 천 단위)

연도	지출	연간 변화율
2010	726,809	-
2011	849,311	17%
2012	990,708	17%
2013	1,054,839	6%
2014	1,142,025	8%
2015	1,206,582	6%

자료: Ministry of Finance, Implementation Budget.(Gal & Madhala-Brik, 2016. 재구성)

앞서 언급한 바와 같이, 이스라엘에서는 3세부터 유치원 교육을 의무화하여 무상으로 제공하고 있으나 보육서비스의 경우, 취업모에게 우선순위가 주어지고 있어, 보육서비스는 일하는 부모들을 위한 정책으로 보고 전액 부모 부담으로 한다. 보육서비스는 0~2세 영아보다는 3~5세 유아에 초점을 맞추고 있는데, 이러한 특징은 전통적인 가족의 형태를 중요하게 생각하는 그리스와 독일, 일본과 유사한 것으로 볼 수 있다(원종욱 외, 2013).

2015년 현재, 신생아부터 2세까지 영아의 기관 이용률은 56.0%로 OECD 국가 평균인 35.0%에 비해 높은 것으로 나타났다. OECD 국가의 영아의 기관 이용률은 터키, 슬로바키아, 멕시코, 체코, 폴란드의 10% 미만에서 스칸디나비아 국가(핀란드 제외), 베네룩스 국가(벨기에, 네덜란드, 룩셈부르크), 프랑스, 대한민국, 이스라엘(OECD, 2017)의 45% 이상에 이르기까지 다양하다. 3세에서 5세 사이의 유아의 유치원 등록률은 이스라엘에서 특히 높은 것으로 나타났다. 2021년에는 99.0%로 영국과 프랑스에 이어 높은 수준을 보였다.

2021년 현재, 이스라엘 3~5세 유아의 기관이용률은 99.0%이다. 2013년 무렵부터 지속적인 증가세를 보이고 있는 것은 3~4세 유아의

[표 15] 5세 이하 자녀의 공식적인 유아교육 및 보육서비스 등록률

(단위: %)

구분	3세 미만과 3~5세 유아의 기관 등록율				
	3세 미만	3세	4세	5세	3~5세
호 주	44.4	71.2	87.1	99.2	86.1
스 웨 덴	47.6	94.0	95.4	96.1	95.2
프 랑 스	57.9	100.0	100.0	100.0	100.0
독 일	38.6	89.1	94.1	96.1	93.1
영 국	45.1	100.0	100.0	98.9	100.0
일 본	41.3	88.7	97.7	97.1	94.6
이 스 라 엘	52.2	100.0	97.4	96.4	99.0
대 한 민 국	64.2	96.1	97.5	93.3	95.6

주: 프랑스 2022년, 영국 2018년, 일본 2019년, 그 외 국가 2021년 자료임.
자료: OECD Family database(PF 3.2)

의무 교육을 확대하라는 Trajtenberg 위원회의 권고안(2011)을 시행한 데 따른 것이다. 교육부의 「*A Wide Perspective*」 웹사이트의 자료에 따르면, 2022/2023학년도에 약 52만 명의 유아가 일반 유아인 것으로 나타났고, 2만 7,000명의 유아가 특수교육이 필요한 유아인 것으로 보인다. 특수교육이 필요한 유아의 상대적 비율이 증가하였는데, 2013/2014년에는 3.3%의 비중을 차지하였으나, 2022/2023년에는 5.0%를 차지하는 것으로 나타났다. 2018/2019년에서 2022/2023년 사이 일반 유아 수의 증가율은 3.9%였고, 특수교육이 필요한 유아의 증가율은 20.3%였다(Silverman & Blank, 2023).

[그림 6] 일반 및 특수교육 유치원 등록 3~5세 유아 수(명)

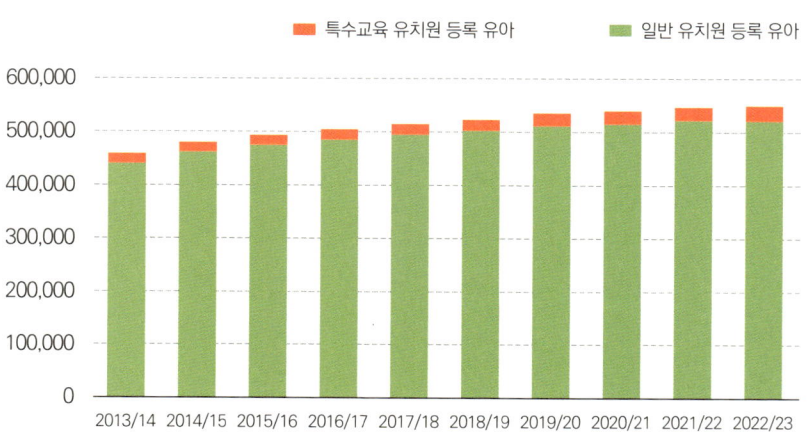

출처: Silverman & Blank, 2023.

이스라엘의 기관 서비스를 조금 더 들여다보면, 영유아 교육·보육에는 출생부터 3세까지의 영유아를 위한 어린이집과 3세에서 5세까지의 유아를 위한 미취학 교육기관이 포함된다. 최근 몇 년 동안 어린이집에 대한 관리·감독에 여러 가지 변화가 있었다. 2018년에는 「유아탁아시설 감독법」이 통과되었고, Bennet-Lapid 정부의 연립 협정의 일환으로 영유아 교육·보육에 대한 책임이 교육부로 이관되었다. 2021년 「어린이집 관리법」에 따라 감독 기준을 시행하기 시작하였는데, 해당 법은 민간어린이집의 운영을 규제한 최초의 법률로, 7명 이상의 영유아가 이용하는 어린이집은 안전 조치, 교육 상담사의 동반, 아동 1인당 최소한의 물리적 공간 마련, 교사 대 아동 비율 개선, 응급처치 교육을 포함한 직원 교육도 특정 기준을 준수하도록 하고 있다. 2021년 7월 정부는 어린이집에 대한 관리 권한을 교육부로 이관하기로 결정하고, 2022년 1월부터 이를 시행하였다. 영유아 교육·보육 관리체계를 보면, 7인 이상의 인증어린이집은 교육부에서 총괄감독을 하며, 지자체와 민간 및 공공기관이 실질적인 관리·운영을 한다. 7인 이하의 인증가정어린이집은 노동부에서 총괄감독을 하며, 역시 지자체와 민간 및 공공기관이 실질적인 관리·운영을 담당한다. 그 외 자세한 내용은 [표 16]과 같다(Silverman & Blank, 2023).

[표 16] 영유아 교육·보육 유형과 감독·운영 기관

유형	감독 기관	운영 기관	보조금 지급여부
7명 이상의 어린이를 위한 인증된 보육 센터 (Certified daycare center, 7 or more children)	교육부 (Ministry of Education)	민간 및 공공 기관, 지방 자치 단체 (Private and public entities, local authorities)	있음
7명 미만의 어린이를 위한 인정된 가정 보육 (Recognized home care, fewer than 7 children)	노동부 (Ministry of Labor)	민간 및 공공 기관, 지방 자치 단체 (Private and public entities, local authorities)	있음
7명 이상의 어린이를 위한 민간어린이집 (Private daycare center, 7 or more children)	교육부 (Ministry of Education)	독립 기관 (Independent parties)	없음
7명 미만의 어린이를 위한 민간어린이집 (Private home care, fewer than 7 children)	없음	독립 기관 (Independent parties)	없음
장애가 있는 영유아를 위한 장애아 전문 어린이집 (Rehabilitation dacare centers, infants/toddlers with disabilites)	복지사회부 및 보건부 (Ministry of Welfare and Social Affairs and Ministry of Health)	복지사회부 및 보건부 (Ministry of Welfare and Social Affairs and Ministry of Health)	있음
가정 내 개인 보육교사 (Private nannies in their homes)	없음	독립 기관 (Independent parties)	없음

출처: Silverman & Blank, 2023.

02
영유아 교육·보육 5개년 계획

영유아 교육·보육기관 담당부처의 변화로 영유아 교육 및 보육에 대한 관심이 증가하였는데, 출생부터 영유아 교육·보육 무상제공이 선거 공약으로 발표됨에 따라 영유아 교육·보육은 2022년에 또 한번 새로운 전환점을 맞았다. 아울러 이스라엘 정부는 영유아 교육·보육이 여성의 취업률 제고 뿐만 아니라 아동의 성장과 발달에 긍정적 역할을 할 수 있도록 2023년에 영유아 교육·보육 5개년 계획을 발표하였다([표 17] 참조), 해당 계획의 핵심 내용은 어린이집 이용 비용 부담 완화, 보육의 질 개선, 보조금 지원 어린이집 설치 확대 등이다(Silverman & Blank, 2023).

구체적으로 영유아 교육·보육 5개년 계획은 가구 내 양육 부담 완화를 위하여 어린이집 이용에 대한 보조금 지원을 확대하고, 3세 미만 자녀

[표 17] 교육부의 유아교육 및 보육 5개년 계획

구분	내용
높은 생활비	• 취업 양육 부모를 위한 세금 공제 : 세금 구간에 따라 월 약 940 NIS 지원
보조를 받는 어린이집 설치 확대	• 다년간의 설치 계획 • 새로운 영유아 교육·보육 교실 설치 • 수요가 높은 지역에 집중
보육 센터 품질 향상	• 교사 대 아동 비율 개선 • 교사 급여 인상 • 직원 교육 확대 • 감독 강화

출처: Silverman & Blank, 2023.

를 둔 취업부모에 대한 세금 공제 시행을 포함하고 있다. 2024년 1월부터 0~3세 자녀를 둔 맞벌이 가구의 경우, 자녀 어머니와 아버지 각각 세금 공제를 받을 수 있는데, 이 때 부모 한 명당 최대 받을 수 있는 공제액은 약 NIS 940이다. 하지만 대부분의 가구(약 75.0%)에서 영유아 1인당 비용이 월평균 약 NIS 5,000 수준인 민간어린이집을 이용하고 있어 보육비용에 상당한 부담을 느끼는 것으로 나타났다. 앞서 본 세금 공제(월 NIS 940)을 받을 자격이 된다고 하더라도 민간어린이집이 보육비용을 올려서 책정할 수 있고 이 경우 가구의 비용부담은 증가할 수밖에 없게 되는 것이다(Silverman & Blank, 2023).

어린이집 이용 영유아 중에서 25.0% 정도만이 월 평균 NIS 500의 추가 보조금을 지원받고 있다. 세금 공제(월 NIS 940)와 보조금 지원을 동시에 받는다면 어린이집 이용 가구의 비용부담 완화에 큰 도움이 될 것이다. 하지만 두 가지 혜택 모두를 받을 수 있는 자격이 있는 가구는 매우 적은 수준이다. 세금 구간, 보조금 자격, 그리고 보조금 지원 어린이집의 낮은 수용력 등을 고려하면 다수의 가구가 두 가지 혜택 중 어느 것도 받을 수 있는 자격이 되지 않는데, 특히 세금 공제를 받을 만큼의 소득수준에 이르지 않는 저소득 가구의 비중이 높다는 것은 시사하는 바가 크다. 또한 보조금 지원 어린이집의 수가 부족하기 때문에 지역에 해당 어린이집이 있어서 이용할 수 있는 확률이 높지 않다. 즉, 이러한 접근성 부족의 문제는 특히 아랍 공동체에서 두드러진다(Silverman & Blank, 2023).

영유아 교육·보육 5개년 계획 이행을 위해서는 약 NIS 53억의 비용이 필요한 것으로 예측된다. 해당 계획 예산 중에서 가장 큰 비중을 차지하는 항목은 보조금을 지원하는 어린이집 설치 확대이며, 이에 소요되는 예산은 약 NIS 22억이 될 것으로 추산된다. 다년간에 걸친 설치확대 계획은 수천 개의 영유아 교육·보육 교실을 신설하고, 절차를 개선하여 규제를 완화하고, 수요가 높은 지역에 집중적으로 설치하는 것을 목표로 한다(Silverman & Blank, 2023).

보조금 지원 어린이집에 대한 접근성을 확대하는 것은 분명히 중요한 목표이지만, 단순히 예산을 배정하는 것만으로는 실질적인 실행이 보장되지 않을 것이다. 따라서 영유아 교육·보육 5개년 계획은 새로운 보조금 지원 어린이집 설치를 위한 예산을 배정하고는 있지만 지방정부의 협조가 잘 이루어지지 않는 상황이다. 즉, 지방정부에서 보조금 지원 어린이집 설치를 위한 예산을 확보하더라도 다양한 이유로 실제 설치로 이루어지지 않는 경우가 발생하고 있는 것이다. 특히 아랍 공동체에서 이러한 문제가 두드러지는데, Madhala 외(2021)에 따르면, 아랍 공동체의 지방정부의 경우 어린이집 설치 예산의 활용률은 배정된 예산의 50.0% 수준에 불과하여 유대인 비(非)하레디 지역 지방정부의 61.0%, 하레디 지역 지방정부의 79.0%와 비교되는 수치이다. 또한 설치가 완료되더라도 교사 부족 문제가 해결되지 않으면 새로 설치된 어린이집도 운영할 수가 없는 상황이다(Silverman & Blank, 2023).

보육의 질을 개선하기 위해 가장 필요한 것은 교사 대 아동 비율 개선이다. [표 18]은 미국 소아과학회의 권고에 따른 연령대별 이상적인 교사 대 아동 비율/이스라엘 현황/영유아 교육·보육 5개년 계획에서 제안된 개선안과 비교하여 보여준다. 표에서 알 수 있듯이, 개선된 교사 대 아동 비율은 학회 권고 기준을 충족하지 못하는 수준이다. 또한, 12~15개월 영아를 영아 그룹 대신 유아 그룹으로 분류하여 이들의 비율을 기존의 6:1에서 영유아 교육·보육 5개년 계획에 따라 8:1로 높여 교사 대 아동 비율이 더 악화되는 결과를 초래할 것으로 보인다. 최근 몇 년의 출생아 수와 여성의 취업률을 고려하여 학회의 권고수준을 달성하기 위해서는 약 10만 명의 교직원이 필요하지만, 현재 추정치로는 가용 교직원 규모

[표 18] 교사 대 아동 비율 비교

미국 소아과 학회(American Academy of Pediatrics)에 따른 아동 대 교사 최적 비율		
연령	아동:교사 비율	최대 그룹 크기
12개월 미만	3:1	6
13~35개월	4:1	8
3세	7:1	14
이스라엘의 현재 아동 대 교사 비율		
연령	아동:교사 비율	최대 그룹 크기
15개월 미만	6:1	20
15~24개월	9:1	24
2세 이상	11:1	30
교육부의 5개년 계획에 따른 개선된 아동 대 교사 비율		
연령	아동:교사 비율	최대 그룹 크기
12개월 미만	5:1	20
12~24개월	8:1	24
24~33개월	10:1	30

출처: Silverman & Blank, 2023.

는 약 5만 명 수준인 것으로 파악된다. 이러한 심각한 인력 부족을 단시간에 개선할 수는 없겠지만, 영유아 교육·보육 5개년 계획을 바탕으로 지방정부의 영유아 교육·보육 교직원에 대한 교육 및 감독 강화, 정부의 재정지원 확대 등을 통하여 교직원에 대한 교육 훈련을 강화함으로써 전문성을 높여 향후 점진적인 보육의 질 개선을 이루어낼 수 있을 것으로 보인다(Silverman & Blank, 2023).

영유아 교육·보육 교직원과 운영자를 대상으로 한 조사결과에 따르면(Blank, 2023),[12] 보조금 지원 어린이집의 80.0% 이상과 민간어린이집의 3분의 2에 해당하는 운영자들이 최소 일주일에 한두 번의 빈도로 인력이 부족하다고 응답했고, 다수의 응답자들은 일주일에 3일 이상 인력이 부족한 상태에서 운영된다고 응답했다. 앞서 언급했듯이, 이스라엘의 교사 대 아동 비율은 학회 권고 수준에 많이 못 미치는 수준을 보이고 있어 이러한 조사결과까지 고려한다면 실질적으로 영유아들이 더 낮은 질의 보육을 받고 있음을 시사한다.

하지만 조사대상 어린이집 운영자의 90.0% 이상이 새로운 인력을 모집하는 데 어려움을 겪고 있으며, 보조금 지원 어린이집의 보육교사의 60.0%, 민간어린이집의 보육교사의 40.0%가 사직을 고려한다고 응답했다. 사직을 고려하는 가장 주된 이유로는 히브리와 아랍 보육교사 모두 약 80.0%가 낮은 임금수준 때문이라고 응답하였고, 그 다음으로는 일이 너무 어렵고 영유아 수가 너무 많다는 것을 언급한 것으로 나타났다(Silverman & Blank, 2023).

12_ Ruppin Academic Center and the Taub Center for Social Policy Studies(Blank)에서 어린이집 교직원(663명)과 운영자(387명)를 대상으로 2023년 1월부터 3월까지 실시함(Silverman & Blank, 2023).

03
향후 정책 방향은 어떠한가

2021/2022학년도부터 교육부 웹사이트인 「*A Wide Perspective*」에서 어린이집에 대한 자료를 게시하고 있는데, 해당 자료에는 보조금 지원 민간어린이집을 포함하는 어린이집에 대한 개소 수, 위치, 지역 사회경제 순위 등 시설에 대한 전반적인 정보가 포함되어 있다. 현재 교육부 관리 하에 있는 인증된 보육 시설, 교육부 관리 민간어린이집, 장애아 전문 어린이집 등에 대한 자료는 있지만, 그 외 민간어린이집에 대한 체계적인 행정 자료는 없는 실정이다. 또한 자료가 있는 기관의 경우에도 어린이집 재원 영유아 수나 직원에 대한 자료는 포함되지 않으며, 관리 대상이 아닌 어린이집에 대한 정보는 매우 부족하다. 따라서 최근까지 수집 가능한 영유아 교육·보육 관련 자료들은 극히 제한적일 수밖에 없다(Silverman & Blank, 2023). 이는 정책수립을 위한 연구에 있어 많은 한

계를 초래할 것이므로 자료 수집과 관리에 대한 적절한 방안이 마련되어야 할 것으로 보인다.

이스라엘 영유아들의 보육·교육기관 이용시간에 대한 자료 역시 충분하게 수집되고 있지 않다. 따라서 그 내용을 정확하게 알기에는 다소 부족함이 있지만, 관련 연구자들이 추정한 바에 따르면, 3세까지의 영유아들은 주중 수업일수(5일 또는 6일)와 하루 수업 시간(종일반은 대부분 16시 30분 하원, 반일제반은 13시 30분에 하원)에 따라 평균 30~40시간 어린이집 혹은 유치원을 이용하는 것으로 추정하고 있다. 또 다른 자료에 따르면, 이스라엘의 3세 이하 영유아는 어린이집 혹은 유치원을 주 평균 50시간 정도 이용하는 것으로 파악하고 있다(Vaknin, 2020, 재인용).

영유아 교육·보육 5개년 계획을 실행한다고 하더라도 여전히 교사 대 아동 비율을 충분히 줄이는 것은 어려울 것이며, 교직원의 근무 환경 및 임금 개선에 만족할 만한 성과를 내는데 충분하지 못할 것이라고 전문가들은 지적하고 있다. 특히 보조금 지원 어린이집의 경우 소폭의 임금 인상만이 제안되어 여전히 민간어린이집 수준에 미치지 못할 것으로 보고 있다(Silverman & Blank, 2023). 이러한 부분은 보육의 질 제고와 직접적인 관련이 있으므로 보다 장기적이고 충분한 계획으로 개선해 나갈 필요가 있다. 또한 부처 간 관할 문제로 효율적인 어린이집 관리가 어려울 수 있음을 지적하기도 한다. 예를 들면, 보건복지부 관할인 장애아 전문 어린이집과 관련한 내용은 시급한 사안이 많음에도 불구하고 영유아 교육·보육 5개년 계획에 포함되지 않았다(Lerner, 2023). 따라서 최근의 영유아 교육·보육에 대한 관심 및 지원 개선을 위한 노력들이 이루어지고 있지만 영유아 교육·보육 5개년 계획을 전반적 평가해 보면 여전히 모든 양육 가구가 비용부담 없이 양질의 서비스를 이용할 수 있게 하기 위해서는 보다 다양한 추가적인 정책들이 마련되어야 할 것으로 보인다(Silverman & Blank, 2023).

글로벌 인구위기와 기업 대응사례 03

5장

일·가정양립을 위한 기업의 노력

- 일·가정양립 정책 개요   76
- 출산전·후휴가   81
- 배우자 출산휴가   85
- 육아휴직   87
- 기타 휴가 및 유연근로제   88

01
일·가정양립 정책 개요

이스라엘 정책 방향은 여성의 높은 고용창출을 목표로 임신 중 근로자 해고 금지, 상대적으로 관대한 출산 수당, 출산 휴가 복귀 후 근로시간 단축 등의 정책을 시행하고 있다.

자녀 어머니의 고용률 측면에서 본다면, OECD 국가들의 경우 2세 미만의 자녀를 둔 어머니의 고용률은(53.0%) 3세에서 5세 사이의 자녀를 둔 어머니의 고용률보다(67.0%) 낮게 나타난다. 반면에 이스라엘에서는 자녀 연령에 따른 어머니의 고용률이 유의미한 차이를 보이지 않아서 2세 미만 자녀를 둔 어머니의 고용률은 70.0%, 3세에서 5세 사이의 자녀를 둔 여성의 고용률은 75.0%인 것으로 나타난다.

이스라엘의 일·가정양립 정책에 대한 연혁은 다음과 같다. 먼저 건국 전 시기는(~1948년) 유대인들이 팔레스타인으로 이주하기 시작하여 유대인공동체를 구축한 시기로 볼 수 있다. 그러므로 자녀 출산과 양육이 이스라엘 국가형성의 핵심 가치로 인식되어 여성의 가정 내에서의 역할이 매우 중요했다. 건국 초기인 1953년에 「사회보장법」을 제정하고, 출산/모성수당을 제공함으로써 출산율을 제고하고자 하였다. 1954년에는 「여성고용법」을 제정하였는데, 해당 법에는 모성휴가, 임신 중 휴가, 의료서비스 제공 등의 지원에 대한 내용이 포함되었다. 이스라엘은 제2차 중동전쟁(1967년) 이후 급속한 경제성장을 달성하게 되면서 동시에 심각한 노동력 부족 현상이 나타나, 여성의 경제활동 참여가 사회 전반적으로 매우 중요해졌다. 1970년대는 여성에 대한 사회적 인식이 전환된 시기라고 볼 수 있는데, 여성의 사회적 기여는 가정 내, 즉, 사적 영역에만 한정되어서는 안 되며, 공적 영역으로 확대되어, 경제활동에 적극적으로 참여해야 한다고 보았다. 아울러 경제활동참여로 여성의 출산율 저하 가능성에 대한 우려가 나타나기 시작하자 정부는 유연한 노동시간과 복지서비스 확대 등의 정책을 마련하기 시작하였다(원종욱 외, 2013).

이렇듯 이스라엘 사회는 여성의 경제활동 참여를 적극 지원하는 방향으로 발전해 왔고, 더불어 자녀들을 낳고 기르는 것이 존중받는 사회로 발전해 왔다. 따라서 출산율도 높지만 여성의 경제활동 참가율이 높은 사회가 될 수 있었다. 즉, 이스라엘의 미혼 여성들은 가정을 중요하게 여기며, 출산 의향이 높으면서도 동시에 경제활동에 참여하려는 의지도 높다. 이렇듯 여성들이 일과 가정을 함께 선택하도록 하는 요인을 보면(김교

연, 2020), 무엇보다도 단시간 근로문화를 들 수 있다. 이러한 문화로 인해 출산과 양육 과정에서도 여성들의 경력이 단절이 낮은 수준일 수 있는 것이다. 이스라엘의 여성 취업률은 67.1%(2022년 4/4분기)로 OECD 평균(62.5%)보다 높으며, OECD 자료에 따르면, 2023년 현재 이스라엘 여성 평균 취업률은 15~64세 68.13%, 25~64세 78.9%로 각각의 OECD 평균 63.17%와 72.13% 보다도 높다.

[표 19] 국가별 여성 취업률

(단위: %)

구분	15~64세	15~24세	25~54세
이스라엘	68.13	43.67	78.93
대한민국	61.35	32.02	68.46
OECD 평균	63.17	40.53	72.13

자료: OECD Data Explorer, 2024.

[표 20] 국가별 0~14세 자녀 양육 여성 취업률(2021)

(단위: %)

구분	0~14세 자녀를 둔 여성
이스라엘	77.4
대한민국	56.2
OECD 평균	71.4

출처 : 1) OECD Family data: Chart LMF 1.2.A Maternal employment rates, 2021.
2) OECD LFS by sex and age: indicators : Employment-population ratios, 2022.

0~14세 자녀를 둔 여성의 취업률을 중심으로 보더라도 이스라엘의 경우는 77.4%로 열 명 중 일곱 명은 영유아기 또는 아동기 자녀를 양육하면서 취업상태에 있음을 알 수 있다.

또한 이스라엘에서 가정은 자녀 교육의 중요한 주체로 자녀들이 부모로부터 삶에 필요한 지혜와 지식을 배우는 가장 중요한 장이라는 공감대를 형성하고 있다(김교연, 2020). 따라서 의무교육이 시작되는 3세부터 가족의 중요성과 양성평등을 매우 중요한 가치로 가르치며, 자녀를 임신할 경우 자녀의 아버지를 대상으로 한 달에 한 번씩 보건소에서 기저귀 가는 법, 태교방법, 목욕시키는 방법, 젖병 물리는 방법 등을 교육한다. 아울러 아버지들은 퇴근 후 자녀와 많은 시간을 보내는 것으로 알려져 있는데, 자녀들과 놀아주고 식사 중 많은 대화를 통해 하루 일과를 공유하며, 성경을 가르치고, 학교 교육과는 별도로 자녀들에게 역사와 율법, 도덕을 가르친다고 한다. 이때 자녀들과 토론하는 교육 방법을 '하브루타(Havruta, חברותא)'라고 하는데 유대인들을 천재로 만드는 비법으로 전 세계로부터 조명을 받기도 하였다.

이스라엘에서는 이처럼 임신할 때부터 남성들이 자녀 양육에 주된 역할을 하고 있어 여성들의 자녀양육 부담은 적다고 평가받고 있다(김교연, 2020). 출산율이 높은 이유를 이러한 양성평등한 육아문화에서 찾아볼 수 있는 것이다. 이는 Doepke 외(2022)의 연구에서 다시 한 번 확인할 수 있다. 여러 국가들의 자료를 바탕으로 남성의 육아 분담과 출산율

[그림 7] 남성의 가사 및 육아 분담과 출산율의 관계

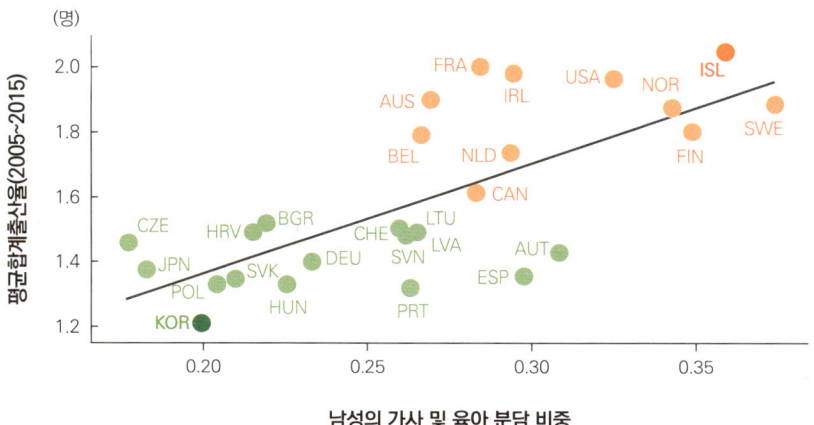

출처: Doepke, et al., 2022.

의 상관성을 분석한 결과, [그림 7]에서 보는 바와 같이 그 상관성이 매우 높은 것을 알 수 있다. 특히, 이스라엘의 경우 그래프의 가장 오른쪽 상단에 위치하는 것을 볼 수 있고, 우리나라는 가장 왼쪽 하단에 위치하고 있는 것으로 분석되었다.

02
출산전·후휴가[13]

이스라엘의 출산휴가는 1년 이상 근무(고용 또는 자영)한 경우 출산전·후 최대 26주를 사용할 수 있는데, 출산 전 6주를 사용하고, 나머지는 출산 이후 사용할 수 있으며, 첫 14주는 의무적으로 사용하도록 하고 있다. 이는 OECD 국가 평균 17.7주에 비해 다소 적은 기간이나, 100.0% 유급으로 지급된다는 특징을 지닌다. 비용 지원과 재원을 보면, 첫 15주 기간에는 출산 전 3개월 또는 6개월 동안의 평균 수입(둘 중 높은 금액)의 100.0%를 지원하고, 평균 급여(일 ILS 1,602.17(€397.69)[14]의

13_ 인용 양식: Perez-Vaisvidovsky, N.(2023) 'Israel country note', in Blum, S., Dobrotić, I., Kaufmann, G., Koslowski, A. and Moss, P.(eds.) International Review of Leave Policies and Research 2023. Available at: https://www.leavenetwork.org/annual-review-reports/
14_ 2023.7.6. 기준 환율. https://sdw.ecb.europa.eu/curConverter.do.

5배를 상한으로 한다. 다만 나머지 11주는 급여 지원이 없다. 급여는 NII가 지급하며 재원은 고용주, 근로자, 국가가 부담하는데, 고용주는 소득의 3.45%를 부담하고 근로자는 0.40%를 부담하며, 평균 소득의 최대 60.0%까지 부담하게 된다. 이를 초과할 경우 각각 6.75%와 7.00% 한도까지 부담한다.

출산전·후휴가 활용을 제고하기 위하여 출산 전 첫 6주 동안 출산전·

[표 21] 출산전·후휴가 기간 및 수당비율(2023)

(단위: 주(week), %)

구분	수급기간	유급휴가	수당비율
호 주	18.0	7.6	42.4
덴 마 크	41.0	19.7	48.2
프 랑 스	42.0	19.7	46.9
이 스 라 엘	15.0	15.0	100.0
일 본	58.0	35.8	61.6
대 한 민 국	64.9	30.6	47.2
스 웨 덴	55.7	34.4	61.8
영 국	39.0	11.7	30.0
OECD 평균	51.9	-	-

주: 유급기간 = 수급기간×수당비율로 계산함. 각 나라마다 수당 비율이 다양하므로, 유급기간은 수입의 100%에 해당되는 수당을 받는 기간(주)으로 나타냄.
출처: OECD, 2023. OECD Family database 2023.(Table PF2.1.A.:Summary of paid leave entitlements available to mothers; Table PF2.1.B. Summary of paid leave entitlements for fathers 자료를 토대로 재구성함.)

후휴가를 사용할 수 있다. 하지만 이 경우 휴가가 14주로 단축될 수도 있지만, 그보다 더 단축되지는 않도록 하고 있다. 또한 휴가 중 근로는 공식적으로 허용되지 않으며, NII는 휴가 중 근로가 발각된 경우 휴가 급여를 취소할 수 있다. 다만 직장과의 지속적인 연계를 유지하기 위한 이메일, 전화, 방문 등은 허용하고 있다.

출산전·후휴가 사용 자격을 조금 더 들여다보면, 모든 여성은 고용상태와 무관하게[15] 첫 15주 동안 휴가(적절한 경우 고용보호 포함)를 받을 수 있고, 출산 전 1년간 동일한 사업장에서 일한 여성 근로자에 한 하여 26주 간의 전체 휴가가 지원된다. 구체적인 급여 지원 내용은 휴가 사용 전 14개월 중 10개월 또는 25개월 중 15개월 동안의 경제활동에 참여(및 사회보험금 지급) 상황에 따라 달라진다.

자녀나 가족 관련한 사유로 – 예를 들면, 다태아 또는 조산아, 자녀나 본인의 건강 저하 또는 장애, 한부모 등 – 인하여 휴가 변경이 필요하다면, 본인 외 다른 사람에게 휴가 양도가 가능하다. 출산전·후휴가 중 2주 이상 입원한 산모는 입원기간(최대 4주)의 유급휴가를 연장하거나 입원기간이 휴가에 포함되지 않도록 휴가를 분할할 수 있다. 또한 휴가 중 2주 이상 입원한 아기를 둔 산모는 입원 기간(최대 20주) 동안 유급휴가를 연장하거나 입원기간이 휴가에 포함되지 않도록 휴가를 분할할 수 있

15_ 자영업자 여성도 수급 가능

다. 다태아 출산의 경우 산모는 첫째를 제외하고 자녀 1명당 추가로 3주의 휴가(및 급여)를 받을 수 있다. 또한 산모가 질병 또는 장애로 신생아를 돌볼 수 없을 때, 전체 휴가가 (남성)배우자에게(만) 양도될 수 있고, 산모와 (남성)배우자 모두 자격 기준을 통과하면 급여는 (남성)배우자의 소득 기준을 적용하여 (남성)배우자에게 지급된다.

산모는 출산 후 첫 6주를 제외하고는 다음 조건이 충족되는 한 휴가의 일부(최소 기간 7일)를 배우자에게 양도할 수 있다:

- 산모와 배우자 모두 휴가 및 급여 자격을 충족하는 경우
- 산모는 반드시 직장에 복귀해야 함.
- 산모는 휴가 양도를 위해 서면 동의를 해야 함.
- 동성 관계의 산모는 (여성)배우자에게 휴가를 양도할 수 없음.
- 산모가 휴가 중인 동안 배우자가 양도된 휴가 중 1주를 사용할 수 있음.

다만, 26주 간의 출산전·후휴가가 종료되면, 특히 휴가가 학기 중간에 끝날 경우 정부관리·지원의 영유아 보육교육기관 입소가 어려워 많은 부모들은 무급 육아휴직을 사용하거나 가족의 도움을 받거나 상대적으로 비싼 민간 서비스에 의존하게 된다.

03
배우자 출산휴가

이스라엘에서는 출산 관련 남성 휴가제도는 별도로 시행하고 있지 않다. 다만, 남성의 경우 (여성)배우자의 분만이 시작된 때부터 출산 후 6일 동안 결근할 권리가 있기는 하지만 이는 법정보장된 권리는 아니다. 첫 날과 마지막 이틀은 병가로 처리되며, 더 나은 조건을 제공하는 단체 협약에 의해 보장되지 않는 한 (남성 배우자)근로자들은 첫 날은 무급, 나머지 이틀은 일급의 50.0%를 받고 이 급여는 각 근로자의 연간 병가 휴가 일수에서 공제된다. 둘째, 셋째, 넷째 날은 급여 전액을 제공하는 연차로 처리되므로 충분한 병가나 연차가 있지 않다면 남성의 경우 (여성)배우자의 출산으로 인한 휴가는 받을 수 없다.

[표 22] 국가별 배우자 출산휴가 기간 및 수당비율(2023)

(단위: 주(week), %)

구분	수급기간	유급휴가	수당비율
호 주	2.0	0.8	42.4
덴 마 크	11.0	5.3	48.2
프 랑 스	31.0	8.7	28.1
이 스 라 엘	0.0	0.0	0.0
일 본	52.0	31.1	59.7
대 한 민 국	54.0	22.1	40.9
스 웨 덴	14.3	10.8	75.8
영 국	2.0	0.4	19.1
OECD 평균	12.7	-	-

주: 유급기간 = 수급기간×수당비율로 계산함. 각 나라마다 수당 비율이 다양하므로, 유급기간은 수입의 100%에 해당되는 수당을 받는 기간(주)으로 나타냄.
출처: OECD, 2023. OECD Family database 2023.(Table PF2.1.A.:Summary of paid leave entitlements available to mothers; Table PF2.1.B. Summary of paid leave entitlements for fathers 자료를 토대로 재구성함.)

04
육아휴직

> 휴직 기간은 부모 각각 출산 후 1년이며, 출산전·후휴가와는 다르게 본인이 반드시 사용해야 하며 양도 불가능하다. 또한 부모가 동시에 휴직을 사용할 수 없고 휴직에 대한 별도 비용 지원은 없다. 자격 요건을 보면, 재직 중인 사업장에서 일한 기간의 4분의 1 이하의 휴직 기간을 가질 수 있는데, 예를 들면, 4년간 재직한 경우 최대 1년까지 휴직이 가능하다. 출산전·후휴가와는 다르게 어머니의 배우자이라면 육아휴직을 사용할 수 있다. 다시 말해서 반드시 자녀의 아버지일 필요가 없으며 동성 커플도 사용이 가능하다.

05
기타 휴가 및 유연근로제

입양 휴직 및 급여

14세 미만의 아동을 입양한 입양부모에게는 다른 부모들과 동일한 출산전·후휴가가 적용되며 이는 동일한 자격 기준을 충족하는 동성 커플에게도 적용된다.

가족돌봄 휴가

16세 미만 자녀의 질병으로 돌봄이 필요한 경우, 부모는 각각 연간 할당된 병가 중 8일까지 사용할 수 있다. 고용주는 둘째 날부터는 소득의 50.0% 지급, 넷째 날부터는 100.0%를 지급하도록 한다. 한부모의 경우는 최대 16일까지 사용가능하다. 아울러 악성질환의 경우, 휴가 기간은 90일(한부모는 110일)까지 확대되며, 이 경우에는 돌봄 첫날부터 급여 지원을 받을 수 있다. 특별한 도움이 필요한 아동의 부모는 본인 병가 중 18일(한부모의 경우 36일)을 활용할 수 있고, 배우자가 질병이 있는 경우에는 본인 병가 중 연간 6일(악성질환의 경우 60일)까지 사용할 수 있다. 배우자가 임신한 경우, 임신과 관련된 의료검진 및 치료에 참여하고자 한다면 병가의 7일을 사용할 수 있다.

유연근로

출산휴가 종료 후 첫 4개월 동안 전일제로 고용된 산모는 법정 휴식시간 외에 하루 1시간씩 유급 휴가를 받을 수 있는데 어머니가 이 시간을 사용하지 않을 경우 아버지가 해당 휴가를 사용할 수 있다. 고용주는 근로자가 해당 휴가를 사용하는 것을 거부할 수 없지만 근로일의 어느 부분을 휴가로 사용할지에 대해서는 제한할 수 있다. 다만, 출산전·후휴가 후 직장에 복귀해 전일제로 근무하는 모든 산모를 대상으로 하지만 이 기간에 대해서는 고용 보호가 없다.

6장

이스라엘 사례가 주는 시사점

- 가족 중심의 가치와　　　　　　　92
  자녀양육 시간의 확보
- 노동시장에서의 낮은 성별격차　　95
- 적극적 청년창업지원을 위한　　　97
  정부와 기업의 역할
- 관련 제도 사용의 유연성　　　　101

01
가족 중심의 가치와 자녀양육 시간의 확보

이스라엘의 높은 출산율은 가족 중심의 문화에서 비롯된다고 볼 수 있다. 가족은 이스라엘 생활의 절대적인 중심이며, 결혼을 하여 자녀를 갖는 것을 가장 높은 문화적 가치로 여긴다. 따라서 이스라엘은 가임 여성에게 비용을 충분히 지원하려 노력하는데, 예를 들면, 모든 여성에게 무제한 시험관 수정(IVF)을 45세가 될 때까지 또는 두 명의 아이를 가질 때까지 전액 지원하는 유일한 국가이다.[16]

또한 이스라엘 연구자에 따르면, 이스라엘은 직장과 자녀 둘 중 어느

16_ 해당 정책에 많은 예산이 투입되지만 거의 비판을 받지 않음(National Post(Feb 26, 2023)., https://nationalpost.com/opinion/danielle-kubes-the-truth-behind-israels-curiously-high-fertility-rate, 2024.10.24. 인출).

하나를 강요받지 않으며, 이는 가정과 직장을 분리할 수 없다고 생각하기 때문이라고 한다. 따라서 중요한 업무 중에도 가정 일이라면 즉시 전화를 받거나 하는 것이 매우 자연스러운 문화이다.

이스라엘에서는 대부분의 근로자들이 오전 7시 30분 혹은 8시에 업무를 시작하여 오후 4시 정도에 퇴근하고 있다. 이스라엘의 보육 시설은 이러한 부모들의 근로시간을 고려하여 오전 7시부터 오후 4시까지 운영된다. 오후 4시 이후에는 보육 시설이 모두 문을 닫기 때문에 늦은 오후가 되면 아이들은 가정으로 돌아가 부모와 함께 저녁 시간을 보내는 문화가 자리 잡고 있다.[17]

[그림 8] OECD 국가별 연평균 1인당 근로시간

자료: OECD Data(Hours Worked), 2024.

17_ 월드뷰, https://theworldview.co.kr/archives/13765(2024.8.12. 인출)

[그림 8]에서 보는 바와 같이 이스라엘의 연평균 1인당 근로시간은 우리나라 보다 짧기는 하지만 그 차이가 큰 것은 아니다. 하지만 이스라엘의 경우 영유아 교육·보육기관 운영시간이 부모들의 근로시간에 맞게 운영된다는 점과 퇴근 이후 시간을 충분히 확보하여 가정에서 그 시간을 보내는 문화가 자리 잡고 있다는 부분이 우리나라와는 큰 차이점이라는 것을 알 수 있다.

우리 사회의 생활형태, 가구 구성분만 아니라 직종 및 직군, 근로형태, 종사상 지위 등도 빠르게 변화해 가고 있다. 즉 근로자의 특성 및 근로환경 역시 지속적으로 변하고 있으므로, 영유아 자녀를 둔 취업 부모들의 양육형태 역시 과거와는 다른, 변화된 모습을 보인다. 따라서 이들을 적절하게 지원하기 위해서는 이러한 변화를 토대로 정부와 기업이 함께 고민하여 유연한 근무시간제도들을 제공하여 부모와 자녀가 함께 할 수 있는 시간을 보다 더 적극적으로 확보해 나가야 할 것이다. 즉, 향후 지속적으로 기업이 유연한 근로시간과 근무환경을 제공하여 영유아 자녀를 둔 취업 부모들이 근로시간을 탄력적으로 운영할 수 있도록 한다면, 1차적으로 영유아 교육·보육기관이 운영되는 서비스의 기본 제공 시간을 이용하고, 그 이후 시간에는 가정에서 자녀와 충분한 시간을 가질 수 있는 근로문화를 정착시킬 수 있을 것이다.

02
노동시장에서의 낮은 성별격차

앞서 언급한 바와 같이, 이스라엘은 가족중심적인 문화를 가지고 있기 때문에 여성의 가정 내에서의 역할이 매우 중요하다. 하지만 동시에 여성의 노동력을 최대한 활용하고자 이에 대한 지원정책을 적극 수립하는 '혼합된 가족 정책'을 가지고 있다. 2016년 기준, 여성 근로자 비중은 전체 47.0%를 차지하고 있고, 출산은 고학력 25~44세 여성의 취업률에 거의 영향을 미치지 않는 것으로 나타났다. 이러한 경향은 종교별 집단에 따라 다소 차이가 있어서 취업률이 유대인 남성과 거의 유사한 수준인 유대인 여성에게서 더 분명하게 나타났다.

이스라엘 노동시장의 또 다른 특성으로는, 남성 고용률 71.4%, 여성 고용률 68.1%로 성별격차가 OECD 평균수준 보다 낮다는 것이다. 또한 성별을 구분하여 본다면, 남성의 고용률은 OECD 평균 및 우리나라 수준과 비교했을 때 낮지만, 여성의 고용률은 상대적으로 높은 모습을 보인다.

이스라엘의 경우 자녀양육에 있어 남성의 적극적인 참여를 지원하고 있다. 무엇보다도 의무교육이 시작되는 3세부터 가족의 중요성과 양성평등을 매우 중요한 가치로 가르치며 자녀를 임신할 경우 자녀의 아버지를 대상으로 한 달에 한 번씩 보건소에서 기저귀 가는 법, 태교방법, 목욕시키는 방법, 젖병 물리는 방법 등을 교육하여 실질적으로 육아에 참여할 수 있는 방법을 지원한다.

우리나라 남성들의 경우도 과거에 비하여 양육에의 참여 의사는 점점 높아지고 있지만 기본적인 육아방법을 알지 못하여 양육참여 의지를 상실하는 경우가 많다. 따라서 남성들의 육아 참여를 높이기 위해 남성 노동자의 노동 시간을 유연하게 하는 정책적 접근과 동시에 자녀 양육에 있어서 아버지의 역할 및 양성평등에 대한 교육을 통하여 양육 문화를 만들어가는 대책이 요구된다.

03
적극적 청년창업지원을 위한 정부와 기업의 역할

안정적이고 만족도 높은 청년층의 일자리는 결혼 및 출산에 긍정적인 영향을 준다. 따라서 정부와 기업의 청년층의 고용 창출을 위한 노력이 저출생 극복을 위한 인구정책 및 육아지원정책 마련에 무엇보다도 선행되어야 하는 정책 방향임을 간과해서는 안 될 것이다.

우선 우리나라 지방정부들에서 청년을 위한 일자리 사업이 다양하게 수립·시행되고 있으므로, 이를 저출생 극복 정책으로 확대하여 활용할 수 있을 것이다. 예를 들면, 청년 일자리 사업의 내용에 육아 관련 인프라 설치 및 관련 지원 제도 도입 등을 구체적으로 포함하는 것이다. 이를 통하여 지역으로 이주하고자 하는 청년들이 일자리 확보는 물론, 이후 자녀를 출산하고 양육하며 지역에서 살아가면서도 적절한 지원을 받을 수 있다는 것을 인식할 수 있도록 해야 할 것이다. 그렇다면 이주는 보다 적극적으로 이루어질 수 있을 것이고, 청년인구의 유출수준도 낮출 수 있을 것이다.

이러한 청년 일자리 사업 분만 아니라 중앙 정부에서는 청년창업에 더욱 관심을 가질 필요가 있다. 이스라엘의 노동시장의 특성을 살펴보면 (원종욱 외, 2013), 창업에서 우리나라와 차이를 보인다. 노동시장에서 조기퇴직하거나 해고 등의 이유로 이탈하는 중장년층 창업이 주를 이루는 우리나라와는 다르게 이스라엘의 경우 대학 졸업자 등 청년층이 과학 및 공학에 기반을 두고 노동시장 진입하는 형태로의 창업이 이루어진다. 또한 창업의 업종을 보면, 우리나라와는 다르게 바이오공학과 IT, SW산업을 중심으로 이루어지고 있다.

특히, 창업에 대한 자금 지원은 정부 주도로 설립한 벤처캐피탈을 중심으로 이루어지는데, 투자금은 벤처캐피탈 60.0%와 정부 40.0%로 매칭 하는 방식으로 투자한다. 이러한 펀드를 활용하여 신생 창업기업들이 민간자본을 유치할 수 있는 단계까지 성장하도록 지원을 받을 수 있고, 자본유치 단계에서는 외국 기업에도 합병이나 투자를 개방하여 하이테크 창업기업이 국제시장에 진출하는 데 필요한 '글로벌 스탠더드'를 갖추도록 정부가 유도한다. 1993년에는 벤처투자법을 개정하여 실패한 사업가에게 재기의 기회를 제공하고, 창업자·대학·투자자가 기업 지분을 3분의 1씩 균등하게 나누는 것을 제도화하였다. 이러한 벤처 펀드는 20조 원에 달하는 것으로 알려져 있고, 정부가 주도했지만, 민간에서 확대함으로써 경제분야 지출이 복지정책을 희생시키지 않으면서 선순환 구조를 이룰 수 있었다는 평가를 받는다(원종욱 외, 2013). 우리나라의 경우, 창업 장애요인으로 '자금확보' 응답비율이 71.0%로 가장 높은 것으로 나타나(중소벤처기업부, 2023), 창업 준비단계에서부터 적극적이고 체계적인 지원이 필요하다는 매우 중요한 시사점을 준다.

우리나라의 경우 창업 초기 기회 추구를 위한 사전 작업이 다른 나라에 비해 저조하고, 창업에 대해서도 매우 보수적인 인식을 갖고 있다. 금융시장 및 민간부문이 벤처생태계 조성에 적극적이고 자율적인 역할을 확대하도록 관련 제도를 지속적으로 개편하고 있지만, 여전히 정부 의존적 관행을 탈피하지 못한 상태에서 규모 확대의 한계에 봉착해 있다. 하지만 이를 개선하기 위하여 이스라엘의 요즈마펀드를 벤치마킹 하여 공적자금과 민간자금이 창업초기 기업에 투자하는 펀드를 조성하여 운영하는 등 다양한 노력을 하고 있다(하규수 외, 2016).

창업은 국가의 경제를 성장시키는 데 중요한 역할을 하므로 다양한 기업의 설립으로 국가는 더욱 다양한 형태의 혁신과 변화가 가능하며 지속 가능한 경제 구조를 갖게 된다(곽규택 외, 2018, 재인용). 따라서 주요 국가들은 혁신성을 갖춘 창업기업을 발굴하고 이들의 성공을 위하여 다양한 지원을 제공하려고 노력한다. 우리나라 역시 박근혜 정부의 '창조경제', 문재인 정부의 '혁신 성장' 등을 통하여 혁신형 창업기업을 발굴하고 지원하기 위한 정책을 강화해 왔다. 하지만 2021년 말 기준(중소벤처

기업부, 2023), 국내 전체 창업기업 중에서 혁신 창업의 가능성이 높은 제조업, 지식집약서비스업 등에 해당하는 기술기반창업은 90.3만 개로 19.8%를 차지하여 매우 낮다. 여전히 장기적 성장이 가능한 '기술기반 창업' 보다는 자영업 기반의 '생계형 창업'이 많은 것으로 나타났다. 더욱이 이들 생계형 창업기업의 5년 생존율이 27.3%로 매우 낮다. 따라서 창업기업을 발굴하고 성장을 지원하는 정책이 여전히 부족할뿐만 아니라 해당 정책의 효과 역시 충분히 나타나지 못하고 있다(곽규택 외, 2018).

특히, 청년창업은 국가가 기술적 다각화를 통해 경제적 성장을 이루는데 중요한 역할을 한다. 관련 연구에 따르면(곽규태 외, 2018), 창업지원 대상과 관련하여, 동일한 지원 수단이라 할지라도 지원 대상(청년/중장년/재창업)의 수요에 맞는 지원이 중요하다는 것이 여러 연구를 통해 보고되었다.

저출생 극복을 위하여 양육가구에 대한 육아지원정책의 내실화 등과 같은 미시적 관점의 노력과 더불어 앞서 언급한 바와 같이 안정적이고도 만족도 높은 청년층의 일자리를 마련하여 결혼 및 출산에 보다 긍정적 인식을 가질 수 있도록 하는 거시적 관점의 사회적 노력도 간과해서는 안 될 것이다.

04
관련 제도 사용의 유연성

일·가정양립을 위한 휴가제도의 경우 휴가의 양도 혹은 분할사용이 유연하게 지원된다. 출산전·후휴가를 보면, 다태아 또는 조산아, 자녀나 본인의 건강 저하 또는 장애, 한부모 등의 이유로 휴가 변경이 필요하면, 본인 외 다른 사람에게 휴가 양도가 가능하다. 출산전·후휴가 중 2주 이상 입원한 산모는 입원기간(최대 4주)의 유급휴가를 연장하거나 입원기간이 휴가에 포함되지 않도록 휴가를 분할할 수 있다. 산모가 질병 또는 장애로 신생아를 돌볼 수 없을 때는 전체 휴가가 (남성)배우자에게(만) 양도될 수 있고, 산모와 (남성)배우자 모두 자격 기준을 통과하면 급여는 (남성)배우자의 소득 기준을 적용하여 (남성)배우자에게 지급된다. 산모는 출산 후 첫 6주를 제외하고는 몇 가지 조건이 충족된다면 휴가의 일부(최소 기간 7일)를 배우자에게 양도할 수도 있다. 그리고 출산휴가 종료 후 첫 4개월 동안 전일제로 고용된 산모는 법정 휴식시간 외에 하루 1시간씩 유급 휴가를 받을 수 있는데 어머니가 이 시간을 사용하지 않을 경우 아버지가 해당 휴가를 사용할 수 있다.

　이렇듯 휴가제도를 유연하게 운영함으로써 개별 출산가구는 상황에 맞게 휴가를 활용할 수 있고, 나아가서는 제도의 활용률을 높일 수 있다. 아울러 출산 직후 대부분의 부모들이 양육의 어려움을 크게 겪는 것을 고려한다면 출산전·후휴가에 대한 유연한 사용은 출산에 긍정적인 영향을 줄 것이다. 우리나라는 이스라엘보다 더 다양한 육아지원정책을 수립하여 시행하고 있지만 정책에 따라 그 인지도나 활용도에는 차이가 있다. 따라서 향후에는 이러한 정책들의 유연한 활용을 지원함으로써 정책의 활용도를 높이고, 개인의 출산과 양육에 대한 지원을 강화해 나갈 필요가 있다.

나가며

이상에서 살펴본 내용 중에서 이스라엘이 높은 출산율을 유지할 수 있는 가장 궁극적인 이유는 사회 구성원의 생활 중심이 '가족'에 있기 때문이라는 것을 강조하고 싶다. 직장과 자녀 둘 중 어느 하나를 선택할 것을 강요받지 않으며, 이를 바탕으로 가정과 직장을 분리할 수 없다는 가치가 사회 전반에 공유되어 있는 것이다. 따라서 우리 사회도 자녀양육에서의 1차적 역할을 하는 가족의 중요함을 다시 한 번 되돌아보는 것은 물론이고, 가족의 가치를 변화한 시대에 맞게 재정립해 나감으로써 지속되고 있는 저출생 위기를 극복해 나가야 할 것이다.

참고문헌

국내문헌

곽규태·천영준·최세경(2018), "정부 정책이 창업기업의 성과에 미치는 영향 : 지원의 수단, 대상 그리고 방식을 중심으로", 「한국혁신학회지」, 13(2), pp.83-103.

권미경·이강근(2016), "이스라엘의 육아정책".

김인춘·고명현·김성원·암논 아란(2013), "생산적 복지와 경제 성장".

안상봉·신용준(2017), "우리나라 창업지원제도 현황과 발전방안", 「경영사학」, 32(2), pp.49-172.

오정수(2013), "이스라엘 복지국가의 사례연구: 유대국가 형성과 범주적 복지급여의 관계를 중심으로", 「사회과학연구」, 24(1), pp.219-23.

원종욱·강지원·오정수·신성윤(2013), "이스라엘의 사회보장제도와 창조경제", 「현안보고서 2013-02」.

이달환(2000), "우리나라 창업보육사업의 운영특성과 성공요인", 과학기술정책연구원.

임정묵·김종욱·이종건(2022), "대학의 창업지원이 창업기업 성과에 미치는 영향: 역량 강화 프로그램 지원과 창업친화적 제도의 조절역할", 「무역금융보험연구」, 23(6), pp.73-90.

최은희(2023), "국가별로 다양한 출생지원정책", 「충북 ISSUE&TREND」, (52), pp.8-24.

하규수·홍길표·이춘우(2017), "2002~2012년의 한국 벤처창업정책의 특징 연구", 「벤처창업연구」, 12(1), pp.5-24.

국문 웹페이지

매거진K(2023.6.17.), "이스라엘에서 가장 큰 회사는 어디? 이스라엘 기업 시가총액(시총) 순위",

　　　https://magazine-k.tistory.com/1775(2024.10.31. 인출)

월드뷰(2020.5.22.), "저출산의 원인과 해결을 위한 제언: 이스라엘을 통한 함의",

　　　https://theworldview.co.kr/archives/13765(2024.8.12. 인출)

이데일리(2024.4.22.), "이스라엘 회사 면접 때 "애 있나요"…워킹맘 편의 봐주려는 질문이죠", [ESF2024]

　　　https://www.edaily.co.kr/News/Read?newsId=01108646638858744&mediaCodeNo=257(2024.10.31. 인출)

이데일리(2024.6.20.), "이스라엘 여성 26세에 결혼…대학졸업 전 결혼하면 왜 안되죠?", [ESF2024],

　　　https://v.daum.net/v/20240620162817607?s=print_news (2024.10.31. 인출)

중소벤처기업부(2023), 보도자료 「2021년 기준 창업기업실태조사('23년 조사) 결과 발표」

　　　https://www.mss.go.kr/site/smba/ex/bbs/View.do?cbIdx=86&bcIdx=1046902(2024.10.31. 인출)

국외문헌

Bental, B. and G. Brand(2018), "Economic Developments in Israel: An Overview," *State of the Nation Report: Society, Economy and Policy 2018*, pp.1-39, Taub Center for Social Policy Studies in Israel.

Bental, B. and L. Shami(2022), "Macroeconomic Trends: An Overview," *State of the Nation Report: Society, Economy and Policy 2022*, pp.333-380, Taub Center for Social Policy Studies in Israel.

Bental, B. and L. Shami(2023), "Migration Patterns in Mixed Cities in Israel: Socioeconomic Perspectives," *Policy Paper*, No.2023-6, pp.3-34, Taub Center for Social Policy Studies in Israel.

Bowers, L. and H. Fuchs(2016), "Women and Parents in the Labor Market – Israel and the OECD," *Policy Brief(June 2016)*, Taub Center for Social Policy Studies in Israel.

Blank, C. and S. Silverman(2023), "Free Early Childhood Education: Challenges and Policy Alternatives," *Research Paper*, No.2023-11, pp.3-13, Taub Center for Social Policy Studies in Israel.

Blass, N.(2021), "The Education System: An Overview," *State of the Nation Report: Society, Economy and Policy 2021*, pp.3-39, Taub Center for Social Policy Studies in Israel.

Blass, N.(2022), "Achievements in Israel's Education System: An Overview," *State of the Nation Report: Society, Economy and Policy 2022*, pp.103-150, Taub Center for Social Policy Studies in Israel.

Blum, S., Dobrotić, I., Kaufman, G., Koslowski, A. and P. Moss(2023), *19th International Review of Leave Policies and Related Research 2023*, Interational Network of Leave Policies & Research.

Debowy, M., Epstein, G. S. and A. Weiss(2022), "The Labor Market in Israel: An Overview," *State of the Nation Report: Society, Economy and Policy 2022*, pp.291-322, Taub Center for Social Policy Studies in Israel.

Debowy, M., Epstein, G. S. and A. Weiss(2022), "The Marriage Premium in the Israeli Labor Market," *State of the Nation Report: Society, Economy and Policy 2022*, pp.267-290, Taub Center for Social Policy Studies in Israel.

Doepke, M., Hannusch, A., Kindermann, F. and M. Tertilt(2022), "The Economics of Fertility: A New Era," *NBER Working Paper*, No. 29948.

Gal, J. and S. Madhala-Brik(2016), "Public Spending on Social Welfare," *State of the Nation Report: Society, Economy and Policy 2016*, pp.279-313, Taub Center for Social Policy Studies in Israel.

Koslowski, A., Blum, S., Dobrotić I., Kaufman, G. and P. Moss(2022), *18th International Review of Leave Policies and Related Research 2022*, Interational Network of Leave Policies & Research.

Madhala, S. and B. Bental(2020), "The Ability to Work from Home Among Workers in Israel," *Policy Paper*, No.2020-06, pp.3-38, Taub

Center for Social Policy Studies in Israel.

Madhala S., Shami, L., Gal, J. and E. Seela(2021), "Enrollment of Arab Children in Supervised Daycare," *Research Paper*, No.2021-7, pp. 3-41, Taub Center for Social Policy Studies in Israel.

Navon, Y. and L. Bowers(2023), "Young Children Living Below the Poverty Line," *Research Paper*, No.2023-3, pp.3-34, Taub Center for Social Policy Studies in Israel.

Nelson, K., Fredriksson, D., Korpi, T., Korpi, W., Palme, J. and O. Sjöberg (2020), The Social Policy Indicators (SPIN) database. *International Journal of Social Welfare*, Vol.29, No.3, pp.285-289.(2024.10.31. 인출)

OECD(2021), *Measuring What Matters for Child Well-being and Policies*, OECD Publishing: Paris.

OECD(2023), *OECD Economic Surveys: Israel 2023*, OECD Publishing: Paris.

OECD(2024), *OECD Economic Outlook, Volume 2024 Issue 1*, No.115, OECD Publishing: Paris.

Okun, B. S.(2017), "Religiosity and Fertility: Jews in Israel," *European Journal of Population*, Vol.33, No.4, pp.475-507.

Perez-Vaisvidovsky, N.(2021), "'Israel country note', in Koslowski, A., Blum, S., Dobrotić, I., Kaufmann, G. and P. Moss(eds.)," *17th International Review of Leave Policies and Related Research 2021*, Interational Network of Leave Policies & Research.

Perez-Vaisvidovsky, N.(2023), "'Israel country note' in Blum, S., Dobrotić, I.,

Kaufmann, G., Koslowski, A. and P. Moss(eds.)," *19th International Review of Leave Policies and Related Research 2023*, Interational Network of Leave Policies & Research.

Razin, A.(2017), "Israel's High Fertility Rate and Anemic Skill Acquisition," *CESifo Working Paper*, No.6455.

Shavit, Y., Friedman, I., Gal, J. and D. Vaknin(2018), "Emerging Early Childhood Inequality: On the Relationship Between Poverty, Sensory Stimulation, Child Development, and Achievements," *Literature Review*, pp.3-57, Taub Center for Social Policy Studies in Israel.

Shay, D.(2022), *Early Childhood in Israel: Selected Research Findings*, 2022, Taub Center Initiative on Early Childhood Development and Inequality.

Shraberman, K. and N. Blass(2016), "Household Expenditure on Preschools," *State of the Nation Report: Society, Economy and Policy 2016*, pp. 159-198, Taub Center for Social Policy Studies in Israel.

Silverman, S.(2024), "The Roots of Disparity: Exploring Socioeconomic Influences on Early Childhood Development", *Research Paper*, No. 2024-16, pp.3-41, Taub Center for Social Policy Studies in Israel.

Silverman, S. and C. Blank(2023), "Early Childhood Education and Care in Israel: An Overview," *Research Paper*, No.2023-14, pp.3-22, Taub Center for Social Policy Studies in Israel.

Silverman, S. and C. Blank(2023), "Early Childhood Education and Care in Israel: An Overview," *Research Paper*, No.2023-14, pp.215-234, Taub Center for Social Policy Studies in Israel.

United Nations Department of Economic and Social Affairs, Population Division(2021), *World Population Policies 2021: Policies related to fertility*, UN DESA/POP/2021/TR/NO. 1.

Vaknin, D.(2020), "Early Childhood Education and Care in Israel Compared to the OECD: Enrollment Rates, Employment Rates of Mothers, Quality Indices, and Future Achievement," *Research Paper*, No. 2020-3, pp.3-37, Taub Center for Social Policy Studies in Israel.

Vaknin, D.(2021), *Early Childhood in Israel: Selected Research Findings*, Taub Center Initiative on Early Childhood Development and Inequality.

Vaknin, D., Shavit, Y. and I. Sasson(2019), "Emerging Early Childhood Inequality: Poverty and Future Academic Achievement," *State of the Nation Report 2019*, pp.3-49, Taub Center for Social Policy Studies in Israel.

Vaknin, H. and Y. Shavit(2021), "Preschool Attendance to Age 3 and Its Impact on Academic Achievement in Grade 4," *Research Paper*, No.2021-6, pp.3-37, Taub Center for Social Policy Studies in Israel.

Weinreb, A.(2020), "Population Projections for Israel 2017-2040, *Policy Paper*, No.4, pp.1-36, Taub Center for Social Policy Studies in

Israel.

Weinreb, A.(2022), "Recent Trends in Marriage and Divorce in Israel," *State of the Nation Report: Society, Economy and Policy 2022*, pp.239-264, Taub Center for Social Policy Studies in Israel.

Weinreb, A.(2023), "Israel's Demography 2023: Declining Fertility, Migration, and Mortality," *Policy Paper*, No.2023-17, pp.393-428, Taub Center for Social Policy Studies in Israel.

Weinreb, A.(2024), *Israel's pronatalist context: Possible lessons for Korea*, Taub Center for Social Policy Studies in Israel.

Weinreb, A., Chernichovsky, D. and A. Brill(2018), "Israel's Exceptional Fertility," *State of the Nation Report: Society, Economy and Policy 2018*, pp.1-42, Taub Center for Social Policy Studies in Israel.

Weinreb, A. and K. Shraberman(2022), "Demographic Trends in Israel: An Overview," *State of the Nation Report: Society, Economy and Policy 2022*, pp.207-238, Taub Center for Social Policy Studies in Israel.

Zontag, N.(2022), "Employment Characteristics of Parents of Children in Early Childhood in Israel," *Research Paper*, No.2022-8, pp.3-30, Taub Center for Social Policy Studies in Israel.

Zontag, N., Navon, Y., Vaknin, D., Bowers, L., Blank C. and Y. Shavit(2020), "Early Childhood Education in Israel and Academic Achievement," *Research Paper*, No.2020-4, pp.3-37, Taub Center for Social Policy Studies in Israel.

영문 웹페이지

Bill of Health(2023.9.5.), "Paid Parental Leave and the New Surrogacy Regime in Israel: How do Men Fare?,"
https://blog.petrieflom.law.harvard.edu/2023/09/05/paid-parental-leave-and-the-new-surrogacy-regime-in-israel-how-do-men-fare/(2024.10.31. 인출)

CWS(2024.4.24.), "Comprehensive Guide to Maternity Leave Rights in Israel,"
https://www.cwsisrael.com/comprehensive-guide-to-maternity-leave-rights-in-israel/(2024.10.31. 인출)

National Post(2023.2.26.), "Danielle Kubes: The truth behind Israel's curiously high fertility rate,"
https://nationalpost.com/opinion/danielle-kubes-the-truth-behind-israels-curiously-high-fertility-rate(2024.10.31. 인출)

SGI(2022), "Israel Social Policies,"
https://www.sgi-network.org/2022/Israel/Social_Policies(2024.10.24. 인출)

Taub Center Bulletin Article(2020.3.), "Why do Israeli parents struggle to find work-life balance?,"
https://www.taubcenter.org.il/en/research/why-do-israeli-parents-struggle-to-find-work-life-balance/(2024.10.31. 인출)

Taub Center Bulletin Article(2022.10.), "Childbirth does not affect the employment of all mothers in the same way," https://www.taubcenter.org.il/en/research/childbirth-does-not-affect-the-employment-of-all-mothers-equally/(2024.10.31. 인출)

Taub Center Events(2022.7.20.), "Dilemmas and Developments in Early Childhood Care in Israel,"
　　　　　https://www.taubcenter.org.il/en/event/dilemmas-and-developments-in-early-childhood-care-in-israel/(2024.10.31. 인출)

Taub Center Researches(2016.7.), "Work-life balance: parental leave policies in Israel,"
　　　　　https://www.taubcenter.org.il/en/research/work-life-balance-parental-leave-policies-in-israel/(2024.10.31. 인출)

Taub Center Researches(2022.12.), "Israel is not yet ready for free compulsory education from birth,"
　　　　　https://www.taubcenter.org.il/en/research/main-findings-from-the-early-childhood-booklet/(2024.10.31. 인출)

저출산에 대응하는 주요 정책 및 지원 프로그램
(2024년 10월 기준)

☐ 정부부문

구분	주요 내용
정부지원 법적근거	• **출산 및 양육 지원** 　- 사회보장법 　- 여성고용법 　- 한부모가족법 • **영유아 보육 및 교육 지원** 　- 영유아 교육보육 5개년 계획(2022년 발표) 　- 유아 탁아 시설 감독법 　- 어린이집 관리법
출산 및 양육 지원 (2024년 기준)	• **아동수당** 　- (18세 미만 아동양육 가구) 보편적 현금급여 　- (첫째아 또는 다섯째아 이상) 자녀당 월 NIS 169 　- (둘째아~넷째아) 자녀당 월 NIS 214 • **출산수당** 　- 기본급여 기준 첫째아 20.0%, 둘째아 9.0%, 셋째아 6.0%, 쌍둥이 100.0% 　※ 2024년(기본급여1, NIS 9,930): 　　첫째아 NIS 1,986, 둘째아 NIS 894, 셋째아 NIS 596, 쌍둥이 NIS 9,930 • **모성수당** 　- 출산휴가 중 14주 동안 직전 평균임금의 100.0% • **세액공제** 　- 맞벌이 부모 한 명당 최대 NIS 940
보육 및 교육지원	• **(0~2세)** 저소득 가구에 월 NIS 500 교육보조금 지원 • **(3세부터)** 유치원 무상 교육 제공 • **(3~5세)** 일하는 부모에 보육서비스 지원 • 7명 이상 민간어린이집 운영 기준 확립 　- 안전조치 및 교육상담사 동반 　- 아동 1인당 최소 물리공간 마련, 교사-아동 비율 개선 　- 응급처치 교육 기준 수립

※ NIS(New Israeli Shekel)는 이스라엘 화폐단위로 NIS 1= 376원(2024.11.14. 기준).

□ 민간부문

구분	주요 내용
출산전·후휴가	• 출산전·후 최대 26주 　- 출산 전 6주, 나머지 출산 이후 사용 　- 첫 14주 의무 사용 　- 직전 1년 간 동일 사업장에서 일한 여성 근로자에 적용 • 직전 3개월 또는 6개월 평균 수입의 100% 급여지원 　※ 단, 첫 15주에 한함. 나머지 11주는 급여지원 없음 • 타인 또는 배우자에 양도 가능 　※ 본인·자녀에 건강상 사유가 있거나 특정 조건 충족시 • 자영업자 여성도 15주의 출산휴가 수급 가능
육아휴직	• 동일 사업장 재직 기간의 4분의 1 이하로 부모 각각 최대 1년 　※ 단, 부모가 동시에 사용하거나 타인 양도 불가 • 별도 급여 지원 없음 • 동성 배우자도 사용 가능
기타 지원	• **입양 휴가** 　- 14세 미만 아동 입양시 동일 출산전·후휴가 적용 　- 동성 커플도 사용 가능 • **가족돌봄 휴가** 　- 16세 미만 자녀 돌봄 필요 시 부모 각각 연 최대 8일 　- 특별한 도움이 필요한 아동의 경우 18일 　- 배우자 질병의 경우 6일, 배우자 임신은 7일 　※ 악성질환 관련 돌봄의 경우 최대 90일 　- 둘째 날부터 50%, 넷째 날부터 100% 급여 지급 • **유연근로** 　- 출산휴가 종료후 첫 4개월 일 1시간 유급 휴가 지원 　- 배우자에 양도 가능
기업 사례 (Intuit Israel)	• **Caring for kids & elders** 　- Child and adult backup care 　- Dependent Care FSA 　- Learning, social or behavioral challenges support 　- Resources for working parents: 상담사, 치료사, 언어병리학자, 발달심리학자 등의 전문가 버추얼 액세스 가능, 각종 커리큘럼 및 수업 제공(부모를 위한 유아 심폐소생술업, 화를 내는 방법, 언어 문제 식별, 형제자매 다루기, ADHD 이해하기), 보모, 데이케어, 튜터, 홈스쿨링 등을 제공하는 보육 및 교육 파트너와의 네트워크 • **Family planning** 　- Adoption assistance: 입양에 드는 비용 일부 지원 　- Reproductive health benefits: 난임 검사, 난임 치료를 위한 시술 등을 포함한 헬스 케어 지원 　- Surrogacy assistance 　- Supporting your path to parenthood: 임신·출산, 육아휴직, 산후 회복, 산후우울증, 복직 등을 포함한 총체적인 출산·산후 지원

세계 주요 국가 인구·경제·사회 특성

구분		인구특성					
		합계 출산율 (명)	합계 출산율 (명)	합계출산율의 연평균 변화율2) (%)	인구수 (만 명)	조혼인율 (천 명당, 명)	총인구대비 이민자비율 (%)
		2015년	2021년	2015~ 2021년	2023년	2020년	2020년
아시아	대한민국	1.24	0.81	-6.8	5,171	4.2	3.0
	이스라엘	3.09	3.00	-0.5	976	5.3(2019)	24.5
	일본	1.45	1.30	-1.8	12,452	4.3	2.2
	중국	1.67	1.16	-5.9	141,071	9.6(2012)	0.1
오세아니아	뉴질랜드	1.99	1.64	-3.2	522	3.3	29.1
	호주	1.79	1.70	-0.9	2,664	3.1	30.3
북미	미국	1.84	1.66	-1.7	33,491	5.1	15.6
	캐나다	1.60	1.43	-1.9	4,010	4.4(2018)	22.2
중남미	멕시코	2.14	1.82	-2.6	12,846	2.6	0.9
	칠레	1.74	1.54	-2.0	1,963	3.2(2019)	8.4
	코스타리카	1.79	1.53	-2.6	521	3.7	10.1
	콜롬비아	1.86	1.72	-1.3	5,209	-	3.7
남서유럽	그리스	1.33	1.43	1.2	1,036	2.9	13.1
	네덜란드	1.66	1.62	-0.4	1,788	2.9	14.2
	독일	1.50	1.58	0.9	8,448	4.5	18.6
	룩셈부르크	1.47	1.38	-1.0	67	2.9	47.3
	벨기에	1.70	1.60	-1.0	1,182	2.8	17.5
	스위스	1.54	1.51	-0.3	885	4.1	29.1
	스페인	1.33	1.19	-1.8	4,837	1.9	15.0
	아일랜드	1.85	1.72	-1.2	526	1.9	17.6
	영국	1.80	1.53	-2.7	6,835	3.7(2019)	14.3
	오스트리아	1.49	1.48	-0.2	913	4.4	19.5
	이탈리아	1.36	1.25	-1.4	5,876	1.6	11.0
	포르투갈	1.31	1.35	0.5	1,053	1.8	9.7
	프랑스	1.93	1.80	-1.1	6,817	2.2	13.0

인구특성	경제특성			사회특성			
고령화율 (65세 이상, %)	1인당 GDP (2015년 실질달러)	경제활동 참가율 (15~64세)	실업률 (%)	여성관리자 비율3) (%)	경제활동 참가율 (15~64세, 여성)	지니계수 (100= 완전불평등)	고숙련근로자 이민매력도4) (10점 만점)
2023년	2023년	2022년	2023년	2019년	2022년	2018년	2021년
18.4	34,121	70.5	2.6	12.3	62.0	31.4(2016)	4.4
12.2	42,674	73.3	3.4	34.5(2017)	71.2	39.0(2016)	5.5
30.1	37,079	81.3	2.6	13.2	75.0	33.9(2015)	3.8
14.3	12,174	75.9	4.7	–	70.9	38.5(2016)	5.5
16.7	41,725	82.9	3.7	–	79.2	34.9(2015)	7.1
17.2	61,341	79.5	3.7	36.6(2016)	75.3	34.4(2015)	7.1
17.6	65,020	72.7	3.6	40.9	67.7	41.4(2018)	7.9
19.5	44,388	79.8	5.4	–	76.8	33.3(2017)	7.0
8.6	10,327	65.4	2.8	35.5	50.0	45.4(2018)	4.8
13.5	14,248	67.8	9.0	26.5	58.2	44.4(2018)	7.7
11.2	14,026	68.3	8.3	–	57.0	–	–
9.4	6,850	68.3	9.6	–	56.3	51.3	4.6
23.1	20,827	68.7	11.0	29.8	61.2	32.9(2018)	3.6
20.7	50,100	83.0	3.6	26.0	80.0	28.1(2018)	8.0
22.7	42,879	79.9	3.0	28.6	76.2	31.9(2016)	6.5
15.4	105,997	74.1	5.2	16.1	71.5	35.4(2018)	7.9
20.1	44,283	71.2	5.5	31.9	67.8	27.2(2018)	5.5
19.7	89,943	83.2	4.1	32.5	79.2	33.1(2018)	9.1
20.7	28,047	74.1	12.1	33.7	69.9	34.7(2018)	5.8
15.5	91,783	76.8	4.3	31.3	71.8	31.4(2017)	7.4
19.5	47,005	77.6	4.1	34.9	74.2	35.1(2017)	6.4
20.2	45,852	78.5	5.2	32.0	74.7	30.8(2018)	6.4
24.5	33,774	65.8	7.6	23.3	56.8	35.9(2017)	4.0
23.3	22,378	76.4	6.5	37.0	74.4	33.5(2018)	5.2
22.0	38,976	74.3	7.3	34.2	71.8	32.4(2018)	5.5

세계 주요 국가 인구·경제·사회 특성

구분		인구특성					
		합계 출산율 (명)	합계 출산율 (명)	합계출산율의 연평균 변화율2) (%)	인구수 (만 명)	조혼인율 (천 명당, 명)	총인구대비 이민자비율 (%)
		2015년	2021년	2015~2021년	2023년	2020년	2020년
북유럽	노르웨이	1.73	1.55	-1.8	595	3.3	15.4
	덴마크	1.71	1.72	0.1	558	4.9	12.5
	스웨덴	1.85	1.67	-1.7	552	3.6	19.8
	아이슬란드	1.81	1.82	0.1	1,054	5.0	17.5
	핀란드	1.65	1.46	-2.0	39	4.0	6.7
동유럽	라트비아	1.70	1.57	-1.3	188	5.6	14.0
	리투아니아	1.70	1.36	-3.7	287	5.5	4.9
	슬로바키아	1.40	1.63	2.6	543	4.4	3.4
	슬로베니아	1.57	1.64	0.7	212	2.5	11.0
	에스토니아	1.58	1.61	0.3	137	4.6	16.1
	체코	1.57	1.83	2.6	1,087	4.2	4.2
	튀르키예	2.15	1.70	-3.9	8,533	5.8	6.9
	폴란드	1.29	1.33	0.5	3,669	3.8	2.2
	헝가리	1.44	1.59	1.7	959	6.9	5.6
자료		OECD	OECD	OECD 자료 활용 직접 계산	World Bank	OECD	UN

자료: 각 항목별 하단의 자료출처 참고; OECD, Family Database; World Bank, National Accounts Data; UN, International Migrant Stock; IMD, World Competitiveness Yearbook 2021.

주: 1) 국가 나열 순서는 각 대륙별로 국가명의 가나다순.
2) 2015년과 2021년의 복합연간성장률(CAGR)로 계산.
3) 각국 전체 중간관리직 이상(seneor and middle management) 근로자 중 여성이 차지하는 비중.
4) 외국인 고숙련근로자(foreign highly-skilled personnel)이 느끼는 근무환경(business environment) 매력도.
5) 자료 내 (   )은 해당 값의 조사년도.

인구특성	경제특성			사회특성			
고령화율 (65세 이상, %)	1인당 GDP (2015년 실질달러)	경제활동 참가율 (15~64세)	실업률 (%)	여성관리자 비율3) (%)	경제활동 참가율 (15~64세, 여성)	지니계수 (100= 완전불평등)	고숙련근로자 이민매력도4) (10점 만점)
2023년	2023년	2022년	2023년	2019년	2022년	2018년	2021년
20.7	61,032	80.3	5.1	32.8	78.0	27.6(2018)	7.1
23.6	45,939	79.6	7.2	26.6	78.9	28.2(2018)	7.0
18.7	78,939	80.4	3.6	41.9	77.8	30.0(2018)	6.4
20.4	55,521	83.4	7.6	44.0	81.2	26.1(2017)	5.1
15.7	58,393	86.5	3.6	36.8	84.1	27.3(2018)	4.8
22.2	16,945	77.7	6.5	43.5	75.6	34.5	4.6
21.2	18,214	78.5	7.0	38.6	77.8	35.7(2018)	5.1
16.9	19,217	75.8	5.8	33.3	72.1	25.0(2018)	2.6
21.4	25,643	76.6	3.6	40.5	74.0	24.6(2018)	3.1
20.9	20,245	80.9	6.3	35.1	79.5	30.3(2018)	5.6
20.8	19,800	77.1	2.6	26.6	70.4	25.0(2018)	4.5
8.9	14,630	58.3	9.4	17.5	39.4	41.9	3.2
18.5	17,270	73.2	2.9	41.2	67.2	30.2(2018)	3.3
19.7	16,287	76.9	4.1	35.9	72.1	29.6(2018)	3.6
World Bank	World Bank	World Bank (Modeled ILOEstimate)	World Bank (Modeled ILOEstimate)	IMD	World Bank (Modeled ILOEstimate)	IMD	IMD